Fun
It makes learning
a language fun and fast.

global

"노느니 제3의 외국어"

여러분의 말랑말랑한
글로벌 비즈니스를 위해
미리 대비해 두십시오!
그것이 비록 애교 수준
정도일지라도 말입니다.

Teach Yourself
Languages

It's real, it's easy
and it's practical!

Quick
It makes learning
a language fun and fast.

possibility

"하면 된다! 아니, 되면 한다!"

되면 하십시오! 되는 만큼만이라도
기꺼이 즐기면서 하십시오!
눈곱만큼 배우고 배 터지게 써먹을
방법을 알려드리겠습니다.

*It makes learning
a language
fun and fast*

국가대표 프랑스어 완전 첫걸음

저자_ 한택수

1판 1쇄 발행_ 2009년 11월 15일
1판 9쇄 발행_ 2016년 2월 15일

발행처_ 북커스베르겐
발행인_ 신은영

등록번호_ 제 313-2009-217호
등록일자_ 2009년 10월 6일

주소_ 경기도 고양시 일산동구 무궁화로 11 한라밀라트 B동 215호
전화_ (02)722-6826 팩스_ (031)911-6486

저작권자 ⓒ 2009 한택수
이 책의 저작권은 저자에게 있습니다. 저자와 출판사의 사전 허락 없이
내용의 전체 또는 일부를 인용하거나 발췌하는 것을 금합니다.

COPYRIGHT ⓒ 2009 by Han, Taek-soo
All rights reserved including the rights of reproduction
in whole or in part in any form. Printed in KOREA.

값은 표지에 있습니다.
ISBN 978-89-963283-0-8 14700
      978-89-963283-5-3 (세트)

이메일_ bookersbg@naver.com

북커스베르겐은 **옥당**의 외국어 출판브랜드입니다.

Take the Pleasure of Learning! It makes learning a language fun and fast.

Teach Yourself Languages
It's real, it's easy and it's practical!

A Self Teaching Guide

Languages!

Teach Yourself!

국가대표
프랑스어
완전 첫걸음

Easy It makes learning a language fun and fast.

Fun It makes learning a language fun and fast.

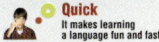
Quick It makes learning a language fun and fast.

Fun
It makes learning a language fun and fast.

direction

"나는 教養人間이다!"

주위엔 재미있고 자극적인 '꺼리'들이 넘쳐 납니다.
그럼에도 불구하고 수고스런 노력이 필요한
'교양'에 눈을 돌려야 하는 수만 가지 이유가 있습니다.

교양, 그 중의 으뜸은 외국어!

자투리 여가를 이용해서 스포츠 삼아 배우고
우아하게 티낼 수 있는 **교양인의 베스트 아이템,
바로 제3의 외국어입니다!**

direction

"팍팍하십니까?"

그럴수록 '교양인간' 스럽게 사셔야 합니다.
몸에 배고 남아, 자연스럽게 티가 나는 게
바로 '교양' 이니까요.

막막하고 답답한 상황일수록
자신에게 투자해야 합니다.
준비하는 사람들에게 **'자신감은 덤'** 으로
굴러들어 옵니다.

이 책의 바닥에 야물딱지게 깔려 있는 기본정신!

target
It's 4 U!

이 책은 이 시대를 가로지를
이 땅의 **모든 대한민국 국민**,
특히 우리의 미래를 집적거릴
지적인 열혈 중고대딩,
그리고 **제3의 외국어와
자발적으로 친해지고 싶어하는 분들**을
골수 핵심 대상으로 합니다.

target
"대한민국 누구나
외국어 첫걸음
국가대표가 된다!"

요즘 생각이 좀 깼다 하는 사람들은
자발적으로 제3의 외국어를 시작한다네요 ... ^0^
외국어에 대한 부담은 싹 빼고,
편안함과 여유를 듬뿍 더했습니다.
대한민국 사람 모두를 위한 교양 있는 외국어 시간!
지금 바로 시작합니다!
'우리 시대 교양인의 비밀병기', 제3의 외국어!

It makes learning a language fun and fast.

Quick
It makes learning a language fun and fast.

needs

"영어는 대략 모국어, 중국어 일본어는 제1 외국어,
요거 제대로 못하고, 절반도 못하면 국민도 아니랍디다!"

언제 한번 정말 땡겨서 배우고 싶었던 외국어가 있으셨나요?
옴짝달싹 못하고 배워야만 했던 언어영역 말고,
우아하고 여유롭게 느끼면서 터치할 수 있는
감성적인 제3의 외국어 친구들이 요기 있습니다.

내가 선택하고, 배우면서 맘이 뿌듯해지는 외국어가 있습니다.
세계와 내가 격식 없이, 편안하게 소통하기 위해 하나쯤 준비해두면 딱 좋을,
그래서 조만간 박차고 여행을 떠나
내가 아는 만큼이라도 자유롭게 써먹고 싶은 외국어!

needs

"꽃보다 외국어!"

결정적으로 수출로 먹고 사는 나라,
그래서 **'꽃보다 외국어'**가 정답입니다.
유창하진 않아도 흉내만이라도
낼 수 있다면,
여러분의 글로벌 비즈니스는
훨씬 말랑말랑해질 것입니다.

It makes a langua fun and

이 책의 바닥에 흥건히 깔려 있는 기본정신!

possibility
"하면 된다! 아니, 되면 한다!"

되면 하십시오! 될 것 같은걸 하십시오! 무작정 들이대는 건 에너지 소모입니다.
눈곱만큼 배우고 배 터지게 써먹을 수 있다면 요딴 게 똘똘한 겁니다.

쉬운 것부터 배우고, 납득할 만한 수준까지만 배웁니다.
그 정도만으로도 써먹을 데가 차고 넘치니까요.

global
"제3의 힘! 글로벌 외국어!"

알파벳만 보고도 어떤 나라의
어떤 언어인지 알고,
사전만 있으면 얼추 번역이 되고,
자다 벌떡 일어났어도
간단표현과 인사 정도는 나눌 수 있다!
이 정도는 돼야
'말로만 글로벌'을
면할 수 있다능 … ^0^

interest
"재미3아, 놀이3아, 제3의 외국어!"

독일제 자동차, 프랑스 명품 가방 …
몰고 달고 다니는 게 다가 아닙니다.
명품에 대한 애정이 손톱, 아니
아메바 비듬만큼이라도 있다면
그 나라와 문화 그리고 언어에 대한
관심도 가져주십시오.
**그렇다면 여러분이 제대로
우아하게 보일 것입니다.**

It makes learning a language fun and fast.

minus mind Map
It's real, it's easy and it's practical!

마이너스 마인드 맵!
아놔~! 막무가내식 마이너스 마인드 맵!

제3의 외국어들

인사표현

간단표현

❶ 인사표현만 달랑 배우고 냅따 때려칠 경우!
(인사표현 / 간단표현)

짤막짤막한 국가대표급 인사표현들을 만날 수 있습니다.
다른 건 몰라도 나라별로 언어권별로 인사말 정도는 챙길 수 있습니다.
한 발짝만 더 나아가서 간단한 표현 몇 가지를 기억해 둔다면
여러분은 '센스쟁이 교양인'으로 오해 받을 수도 있습니다! ʊ͡

그래도 이게 어딥니까?

Easy
It makes learning a language fun and fast.

이 책을 느끼면서 뜯어 드시는 방법!

-3m = mmm

알파벳   **발음법**

❷ 알파벳만 배우고 곧바로 그만 둘 경우!
(알파벳 / 발음)

대부분의 유럽어는 알파벳을 기본으로 합니다.
영어 알파벳을 아는 대한민국 사람 누구든지
해당 언어의 알파벳을 새로 익히는 건 일도 아닙니다.
순식간에 '누워서 슈크림빵 먹기' 라고나 할까요.

알파벳을 안다는 것은 기본적인 발음법에
바짝 접근했다는 얘깁니다.
약간의 추가적인 규칙만 더 익히면 곧바로 문장을 읽을 수가 있죠.
뭔 내용인지는 몰라도 소리 내어 읽을 수 있다면,
이거야말로 뼈대 작살이죠.

그래도 이게 어딥니까?

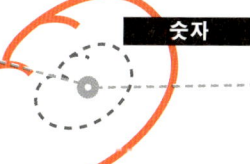 

숫자   **시간**

❸ 숫자랑 시간만 간신히 끝낼 경우!
(숫자 / 시간)

숫자를 알면 물건값, 밥값을 계산할 수 있습니다.
물론 작업 대상자의 핸폰 번호도 딸 수 있고요.
그리고 시간을 말할 줄 알면
현지에서 기차도 안 놓칠 것이고,
그녀와의 데이트 시간도 잡을 수 있겠습니다.
(여행 가면 급한 불은 끌 수 있다구~!)
숫자만 알아도 이렇게 되는 일이 많은데,
그렇다면 이게 어딥니까?

마이너스 마인드 맵! minus mind map
마이너스 마인드 맵은 학습자가 한
최소한의 학습량만으로 기대할 수 있는
학습 효과를 알려줍니다.

 Take the Pleasure of Learning!
It makes learning a language fun and fast.

minus mind Map
It's real, it's easy and it's practical!

제3의 외국어들

동사

동사들

명사 대명사

관사

❹ **명사와 通했을 경우!**
(명사/대명사, 관사/정관사
-부정관사)

명사의 앞에 나와 명사의 성격을 미리 알려주는 관사!
우리말엔 없어서 다소 낯설 수도 있지만,
관사를 만나면 명사와 더욱 확실하게 친해질 수 있습니다.
아기자기한 관사의 세계! 골라서 써먹는 재미가 있답니다.
이제부턴 이거다, 저거다 확실하게 말할 수 있습니다.

❺ **동사도 알게 되었다면!**
(동사 - 얌전한 동사 / 튀는 동사)

동사를 알면 문장이 보입니다.
영어와 비슷하거나 살짝쿵 다른
동사들을 만나 조금씩 친해지시면,
완전한 문장을 만들고, 말하고
하는 것이 슬슬 가능해집니다.
바야흐로 행동과 관련해서
말할 수 있는 단계가 됩니다.

Easy
It makes learning
a language fun and fast.

이 책을 느끼면서 더 많이 뜯어 드시는 방법!

-3m · mmm

형용사 / 형용사들

❻ 형용사와 만나면!
(형용사)

여러분의 제3 외국어가 훨씬 예뻐질 것입니다.
알록달록한 형용사의 재미를 느낄 수 있답니다!

전치사

❼ 전치사는 짧다!
(전치사)

짧은 전치사 한마디가 긴 문장을
완벽하게 대신할 수 있습니다.
'전치사+몸짓, 발짓' 만으로 웬만한
소통이 가능합니다.
짧고 굵은 거 좋아하시면
전치사를 꽉 잡으세요!
단어 하나로 의사소통이 된다는데,
이게 어딥니까?

나머지 문법들

❽ 아뵤~! 그냥 끝까지 달려!
(나머지 문법들)

여기까지 배우셨다면 나머지 문법들을
마저 끝내십시오!
여기까지 왔는데 더하고 뺴고 할 거 뭐 있어요!
그냥 끝까지 달려주쎄엿!

 Take the Pleasure of Learning!
It makes learning a language fun and fast.

contents 001
It makes learning a language fun and fast.

contents

001 18
문화를 알면 언어가 보인다!
파리! 프랑스!
Paris!
[빠리!]

002 26
이렇게나 많은
프랑스어를 알고 계시네요!
우랄라! 프랑스어를!
Oulala!
[우랄라!]

003 34
프랑스어는 발음이 예쁘다!
봄과 프렝땅
printemps
[프렝땅]

004 42
아하! 모음 발음은 이렇게!
보졸레 누보
beaujolais nouveau
[보졸레 누보]

005 50
친구에게 안부를 물어볼까요?
잘 지내니?
Ça va?
[싸 바?]

It's real, it's easy and it's practical!

Take the Pleasure of Learning!
It makes learning a language fun and fast.

006 58
상대의 이름을 알고 싶으세요?
네 이름은 뭐니?
Tu t'appelles comment?
[뛰따벨 꼬망?]

007 66
어느 나라 사람인지 궁금하십니까?
걔 프랑스 애야.
Il est français.
[일레 프랑세.]

008 74
자신의 직업을 소개해 보시죠.
난 화가야.
Je suis peintre.
[쥬쒸 뺑트흐.]

009 82
사는 곳을 말할 때
난 파리에 살아.
J'habite à Paris.
[자비뜨 아빠리.]

010 90
인맥이 궁금하다!
내 남친이야.
C'est mon copain.
[쎄 몽꼬뺑.]

contents | Teach Yourself Languages

Easy
It makes learning a language fun and fast.

contents 002
It makes learning a language fun and fast.

011 98
형용사로 사람의 감정과
특징을 표현합니다.
걘 날씬해.
Elle est mince.
[엘레 맹스.]

012 106
사물에 대해 묻고 대답합니다.
뭐니?
Qu'est-ce que c'est?
[깨스끄 쎄?]

013 114
소유는 세탁기로 표현합니다!
누구 것이니?
C'est à qui?
[쎄따 끼?]

014 122
가볍게 지시할 때는요?
이 책은 내 거야.
Ce livre est à moi.
[스리브흐 에따 무아.]

015 130
어디를 가는지 묻고 싶으신가요?
어디 가십니까?
Vous allez où?
[부잘레 우?]

It's real, it's easy and it's practical!

Take the Pleasure of Learning!
It makes learning a language fun and fast.

016 138
건물의 위치를 물을 때 쓰는 표현입니다.
지하철역은 어디에?
Où est la station de métro?
[우에 라 스따씨옹 드 메트로?]

017 146
교통수단이 궁금하신가요?
루브르를 가고 싶은데요?
Pour aller au Louvre?
[뿌흐 알레 오루브흐?]

018 154
음료수를 주문하고 싶으신가요?
커피 마실래요.
Je prends un café.
[쥬프항 엥까페.]

019 162
목적어를 간단히 대명사로!
프랑스를 사랑해요!
J'aime la France!
[젬므 라프항스!]

020 170
시간 약속을 하고 싶으신가요?
시간 있니?
Tu es libre?
[뛰에 리브흐?]

Fun
It makes learning a language fun and fast.

contents 003

021 178
날짜와 요일을 알고 싶으세요?
언제?
Quand?
[깡?]

022 186
전화를 걸어볼까요?
여보세요?
Allô?
[알로?]

023 196
레스토랑에서 음식을 주문합니다.
레스토랑 푸케에서
Au Fouquet's
[오푸케]

024 206
명령, 간청을 표현하고 싶으신가요?
날 떠나지 마!
Ne me quitte pas!
[느므 끼뜨빠!]

025 216
호텔의 방을 구하려는데…
만원입니다!
Complet!
[꽁쁠레!]

It's real, it's easy and it's practical!

Take the Pleasure of Learning!
It makes learning a language fun and fast.

026 226
상대를 높이고 싶을 때!
당신이 최고야!
Vous êtes le meilleur!
[부제뜨 르메이에흐!]

027 236
미래를 표현하는 방법을 만나 볼까요?
큰 파티가 있을 거야.
Il va y avoir une grande fête.
[일바 이아봐흐 윈그랑드 페뜨.]

028 246
쇼핑을 나가셨나요?
너무 비싸다.
C'est trop cher.
[쎄 트로셰흐.]

029 256
과거를 표현하고 싶으세요?
열심히 공부했어.
J'ai bien travaillé.
[제 비엥 트라바이에.]

부록 : 듣고 말하는 연습자료　　　266

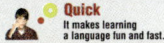

Take the Pleasure of Learning! It makes learning a language fun and fast.

amour

France

Chanel

Paris

tolérance

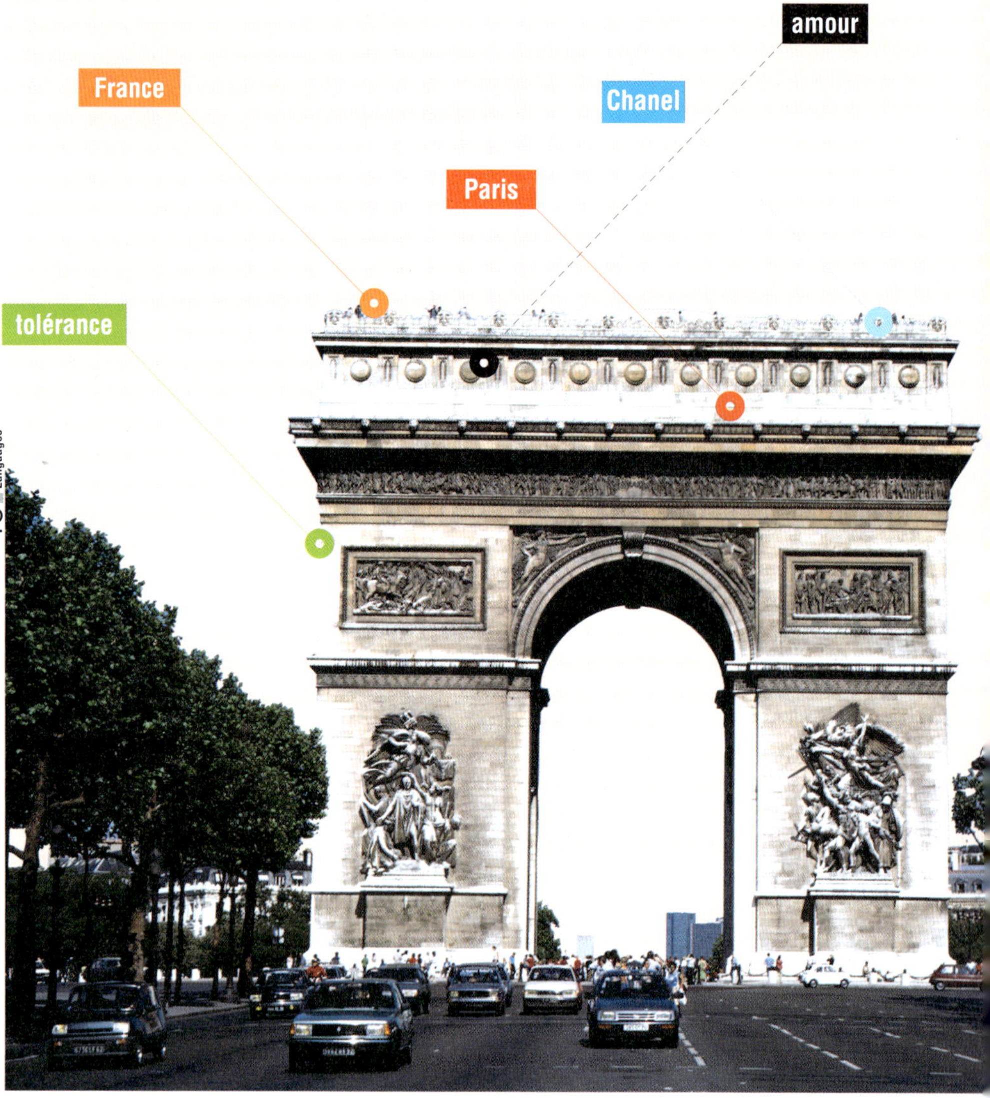

Easy
It makes learning a language fun and fast.

Fun
It makes learning a language fun and fast.

Quick
It makes learning a language fun and fast.

Paris France 001

001
문화를 알면 언어가 보인다!

파리! 프랑스!
Paris! [빠리!]

프랑스 문화와 예술, 많은 사람들을 꿈꾸게 하죠.
회화, 패션, 영화, 포도주... 프랑스어를 알면 어떨까요?
대학 프랑스어과를 지망한 학생이 면접시험에서, 지원 동기를 묻는 시험관의
질문에 스포츠 신문을 프랑스어로 읽고 싶어서 지원했다고 말했답니다.
아마 축구선수 앙리나 지단에 대한 기사겠죠? 여러분은 어떠십니까?
우리가 알고 있는 프랑스의 문화 상식을 언어와 함께 알아볼까요?

TPL ^L^ Take the Pleasure of Learning! It makes learning a language fun and fast.

시락과 바보

프랑스를 소개하기 전에 재미있는 이야기를 하나 하겠습니다.
프랑스 친구한테 들은 것입니다. 지금의 사르코지 대통령 전에 시락 대통령이 있었죠. 파리 시장을 세 번, 수상을 두 번, 대통령직을 두 번 역임했습니다. 시골 출신인 시락 대통령은 농촌과 농업에 대한 관심이 지대했습니다. 많은 정책을 펼쳤고, 지원을 아끼지 않았죠. 하지만 농부들의 삶은 언제나 힘들죠. 한 번은 대통령이 수행원들과 농업전시장에 들렸습니다. 평소처럼 악수를 하고, 대화를 나누며 지나는데, 한 농부가 대통령에게 다가오더니 Con! [꽁!] 하는 것이었습니다. 우리말로 '바보!' 또는 '멍청이!'라고 욕을 한 것이죠. 순간 사방이 조용해졌습니다. 그래도 대통령인데 모두가 당황스러웠던 거죠. 그런데 어색해진 분위기를 느낀 시락 대통령이 환하게 웃으며 그 농부에게 손을 내밀고는 '시락!' 하는 것이었습니다. 그러자 오히려 농부의 얼굴이 붉어지고, 주변 사람들은 모두 웃기 시작했습니다. 이해 되셨나요? ㅋㅋㅋ 시락은 자신을 '시락!'이라고 소개하면서, 앞서 농부가 한 말을 농부 자신을 Con! (난 바보입니다!)이라고 소개한 것으로 바꿔버린 거죠. 아하! 대통령이 이 정도면 프랑스인들 기지와 유머, 알만하죠?

con [꽁] 바보

우리가 일상적으로 가장 많이 사용하는 프랑스어가 뭘까요?
아니 프랑스인들이 가장 많이 사용하고, 선호하는 단어가 뭘까요? **amour** [아무르](사랑)? 글쎄요... 아마 여전히 가장 많이 쓰이는 단어 중에 하나일 것입니다. **tolérance** [똘레랑스](관용), 들어보셨죠? 프랑스인들의 사회적 가치를 가장 잘 나타내는 말일 것입니다. 카톨릭, 유대교, 이슬람 등의 다양한 종교와, 아시아인, 아랍인, 아프리카인을 포함한 다양한 인종, 그리고 지하철에서 들리는 세계 각국의 언어들, 이 많은 차이들을 극복하고 하나의 공동체를 만들려 할 때 '똘레랑스'는 가장 필요한 가치일 것입니다.

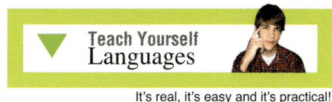

amour [아무르] 사랑   **tolérance** [똘레랑스] 관용

세계에서 가장 유명한 도시가 어디일까요? 뉴욕, 런던, 베를린, 상하이, 도쿄 등 세계적으로 유명한 도시들이 많이 있죠. 하지만 세계 젊은이들에게 맨 처음 떠오르는 도시, 가장 가고 싶은 도시를 물으면 아마도 프랑스 파리라고 말할 것입니다. 뉴욕, 베를린이 세계적인 예술의 도시로 부각되었지만, 영화감독들이 가장 영화에 담고 싶은 도시 또한 여전히 파리일 것입니다. 프랑스어를 배우기 전에 파리, 그리고 프랑스에 대해 먼저 간단한 문화적 특성과 함께 알아볼까요?

'빠리' 라고 적으면 안 될까요?

강의 시간에 프랑스어를 발음할 때, 학생들이 들으면서 가장 우스꽝스럽다고 생각하는 단어가 **Paris** 입니다. 프랑스의 도시 **Paris** 의 우리말 발음과 표기가 날아다니는 파리와 구별되지 않습니다. '더러운 파리' ㅋㅋㅋ, 애매하죠? 프랑스 사람들은 [빠리]로 발음합니다. 우리말이 탁월하니 프랑스인들이 말하는 대로 정확하게 따라 발음할 수 있고, 표기할 수도 있을 텐데요... 미국인들은 대부분 **Paris** 를 [페리스]로 발음합니다. 미국인이라는 우월의식을 드러내기 위해서일까요, 아님 외국인에 대한 아량을 구하기 위해서일까요?

Paris [빠리] 파리

멋과 패션의 나라, 프랑스 요리, 영화가 처음 만들어진 곳, 역사 속에서 수많은 화가들이 꿈을 꾸고 이주해간 나라, 샹송... 프랑스를 특징짓는 표현들은 끝이 없습니다. 또한 프랑스 대혁명을 통해 인권 선언을 처음으로 천명한 나라이기 때문에, 프랑스는 삼색기인 프랑스 국기와 함께 여전히 인권을 상징합니다.

정치적으로도 프랑스는 극좌에서 극우까지 모든 정치적 이데올로기를 허용하고 있고, 똘레랑스 즉 관용을 사회적 가치로 표방하는 나라입니다. 유럽으로 배낭여행을 떠날 때 어디부터 시작하십니까? 아니면, 어디에서 여행을 끝내시나요? 프랑스일 것입니다.

France [프랑스] 프랑스

앙드레 말로라는 작가는 20세기 프랑스의 가장 빼어난 위인으로 샤넬, 피카소, 드골을 들었다 합니다. 피카소는 스페인 작가이기는 하지만, 프랑스에서 활동하였기 때문에 포함된 것 같습니다. 드골은 그렇다 치지만 샤넬은 조금 예외가 아닐까요? 하지만 샤넬이 20세기 여성들에게 미친 영향을 생각하면 결코 그렇지 않습니다. 샤넬은 숄더백을 만들어 여성들이 손을 자유롭게 사용할 수 있게 하였습니다. 이것은 여성들의 판탈롱 착용과 더불어 여성의 신체적 자유에 커다란 기여를 하게 되었죠. 인조보석을 만들어 평범한 여성들 또한 액세서리를 착용할 수 있게 하고, 샤넬 N⁰ 5를 만들어 토털패션을 가능하게 한 것 또한 샤넬입니다. 그녀의 뒤를 잇는 크리스천 디오르와 장 폴 고티에도 샤넬이 있었기에 가능하지 않았을까요?

Chanel [샤넬] 디자이너 샤넬 또는 브랜드명

프랑스 뮤지컬

뮤지컬하면 브로드웨이였죠. 하지만 1980년대 들어 뮤지컬 '캣츠' 와 더불어 영국의 뮤지컬이 역으로 미국으로 수출되기 시작하였습니다. 이러한 분위기에 편승하여 프랑스에서도 본격적으로 뮤지컬이 만들어지기 시작했고요. 대표적인 것이 '노트르담 드 파리' 이죠.

노트르담 성당의 종지기인 꼽사등이 까지모도의 에스메랄다에 대한 숭고한 사랑을 그리고 있습니다. 우리에게는 영화 '노틀담의 꼽추' 로 더 잘 알려진 빅토르 위고의 원작 '노트르담 드 파리' 를 각색한 작품이죠. 프랑스어로 **Notre-Dame** [노트르담]은 우리말로 '성모 마리아' 를 의미하고, '노트르담 드 파리' 는 본래 '파리의 노트르담 대성당' 을 가리킵니다. 파리 또한 브로드웨이, 웨스트엔드와 더불어 뮤지컬의 명소가 된 것이겠죠?

Notre-Dame [노트르담] 성모 마리아

Notre-Dame de Paris [노트르담 드 빠리] 파리의 노트르담 대성당

빅토르 위고는 장 발장이 주인공으로 등장하는 소설 '레미제라블' 의 작가이기도 하죠. 이 소설 또한 영어판 뮤지컬 '레미제라블' 로 만들어져 '캣츠' , '미스 사이공' , '오페라 유령' 과 더불어 세계 4대 뮤지컬의 하나로 간주되고 있습니다.

les Misérables [레 미제라블] 불쌍한 사람들

요리의 나라, 프랑스

음식하면 떠오르는 두 나라가 프랑스와 중국이죠. 음식의 다양성에서 두 나라를 따라갈 나라가 별로 없을 것입니다. 햄버거와 콜라로 단순화 된 미국식 식사문화와는 많이 다르죠. 프랑스인들의 날씬한 몸매와 긴 수명도 음식에 많이 기인한다니 결코 소홀히 여길 수 없는 것입니다. 다양한 소스, 외국에서 들어온 음식문화, 하지만 녹색 야채가 프랑스인들의 건강에 아주 중요한 요소랍니다.

거기에 포도주가 곁들여진다면 더할 나위 없겠죠. 프랑스인들도 포도주를 '와인'이라고 할까요? '소믈리에'라는 단어까지 사용하는 마당에 와인에 해당하는 프랑스 단어 vin [뱅] 정도는 알아야겠죠? 떠오르는 요리 이름은 무엇이 있나요? '퐁뒤', '크레이프', 들어보셨죠?

vin [뱅] 포도주

sommelier [쏘믈리에] 쏘믈리에 (레스토랑의 포도주 담당자)

fondue [퐁뒤] 퐁뒤
(치즈와 백포도주를 섞어 불에 녹인 것에 빵조각을 적셔 먹는 요리)

crêpe [크레쁘] 크레이프
(밀가루, 우유, 달걀을 반죽해 전처럼 얇고 넓적하게 부친 것)

프랑스의 유명 도시들

파리 외에 가장 많이 들어본 프랑스 지명은 어딜까요? 보르도나 깐느 정도가 아닐까요? 보르도는 아름다운 풍경 때문이기보다는 보르도산 포도주 때문에 많이 들어보았을 것입니다. 기후, 토양, 교역 여건 등으로 프랑스에서 가장 많은 양의 포도주를 생산하는 곳입니다. 수많은 성들을 중심으로 세계적으로 유명한 포도주들이 생산되는 곳이기도 하죠. 깐느는 어떤가요? 우리나라 여배우 전도연 씨가 여우주연상을 받아 유명한 영화제, 깐느영화제가 바로 지중해 연안의 도시 깐느에서 매년 5월에 열리고 있습니다. 멀지 않은 곳에 위치한 니스라는 도시와 함께 프랑스 남부의 가장 유명한 휴양도시이기도 하죠.

Bordeaux [보흐도] 보르도 (유명한 포도산지)
Cannes [깐느] 깐느 (깐느영화제로 유명한 도시)

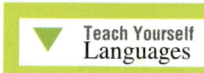 

프랑스를 빛낸 사람들

잠시 과거로 돌아가 볼까요? 프랑스 하면 생각나는 역사적 인물로 누가 있을까요? 아마 가장 먼저 떠오르는 인물은 나폴레옹일 것입니다. 코르시카 섬에서 태어나, 프랑스 대혁명 이후 유력한 군인이자 정치가로 부상하여 공화정을 제정으로 바꾸고, 프랑스 제1제정의 황제 나폴레옹 1세가 되죠. 알프스를 넘으며 '내 사전에는 불가능이란 없다.' 를 외쳤고, 유럽 전체를 상대로 전쟁을 벌이기도 했습니다. 그보다 350여 년 전, 로렌지방 동레미에서 태어난 소녀 잔 다르크는 영국과의 백년전쟁의 와중에서 위기에 처한 프랑스를 구하고, 프랑스의 영웅이 됩니다. 뤽 베송 감독의 영화 '잔 다르크' 를 보셨나요? 신으로부터 받은 소명과 인간적 고뇌 사이에 갈등하는 잔 다르크를 볼 수 있습니다. 앞에서 잠시 언급한 드골은 제2차 세계대전 때, 영국으로 망명하여 독일을 상대로 항전을 계속하며 제2차 세계대전을 승리로 이끌죠. 그 후 프랑스 대통령이 되어 프랑스를 세계적인 강국의 번열에 올려놓는데 커다란 기여를 합니다.

Napoléon [나뽈레옹] 보나파르트 나폴레옹, 황제 나폴레옹 1세
Jeanne d'Arc [잔 다흐끄] 잔 다르크
De Gaulle [드골] 드골 대통령

> 대부분 역사적 성치석 인물들을 예로 들었네요. 요즘 프랑스인 중에 우리나라 매스컴에 가장 자주 등장하는 인물은 물론 프랑스 대통령 사르코지일 것입니다. 대통령으로서 빼어난 능력 때문이기보다는 이태리 출신 가수이며 모델인 아내 카를라 브루니 때문이겠죠. ㅋㅋㅋ 사르코지는 두 번 이혼하고 세 번째 결혼을 카를라 브루니와 하였습니다. 대통령의 세 번째 결혼, 가수이며 모델인 이태리 출신의 대통령 부인!?... 우리로선 상상하기가 쉽지 않죠.

Sarkozy [싸르꼬지] 사르코지 프랑스 대통령
Carla Bruni [카를라 브루니] 사르코지 대통령의 부인

 **Easy** It makes learning a language fun and fast.

 **Fun** It makes learning a language fun and fast.

 **Quick** It makes learning a language fun and fast.

002
이렇게나 많은
프랑스어를 알고 계시네요!

우랄라!
프랑스어를!
Oulala!
[우랄라!]

프랑스어를 처음 배운다고들 하지만, 프랑스 문화를 통해 정말 많은 단어들을 우리는 이미 알고 있습니다. 좀 더 알아볼까요?
프랑스 사람들은 무척 사교적인 편입니다. 그런데 그것이 몇 개의 쉬운 프랑스어 표현만으로 가능하다는 것 모르시죠? 그 표현들을 배워 가정이나 학교, 또는 직장에서 한 번 장난삼아 활용해보세요. 분위기가 무척 좋아질 것입니다.

Take the Pleasure of Learning! It makes learning a language fun and fast.

우랄라, 나도 프랑스어를!

'우랄라!' 많이 들어 본 말이죠. 오른손을 아래로 떨어뜨린 채 좌우로 흔들며 '우랄라!'를 반복하는 프랑스 여성을 텔레비전에서 자주 보셨을 것입니다. 프랑스인들이 전혀 예상하지 못한 일과 부딪혔을 때, 또는 놀라움을 표시할 때 많이 사용합니다. 오른손을 흔들면서 한번 해볼까요? '우랄라! 내가 프랑스어를 배운다고!' 불가능하다고 생각하셨습니까? 프랑스인의 자연스러운 몸짓까지 이미 알고 있는데 힘들 것이 없겠죠. '우랄라! 정말 그럴까?' 정말 그렇습니다.

Oulala! [우랄라] 놀라움을 표시할 때

프랑스어를 배운다. 아싸~! 기대도 되고 신나는 일이죠. 발음이 예쁘다던데, 어떻게 발음할까? 정말 프랑스어를 알아들을 수 있을까? 여친에게 '눈이 참 예쁘다.'라고 프랑스어로 말할 수 있을까요? 물론입니다. 우리는 벌써 꽤 많은 프랑스어를 알고 있습니다. 일상적으로 50~100여 개의 프랑스어를 발음하고 있다고 하면 놀랍지 않습니까? 우리가 어떤 프랑스 단어나 말을 쓰고 있는지 한번 알아볼까요?

'엄마, 앙팡 우유하고 잡지 메종 사다주세요. 오시는 길에 파리 바게뜨에 들려 바게뜨도 좀 사다주시고요.'에서 '앙팡'은 '어린 아이'라는 뜻의 프랑스 말입니다. 어린이들에게 우유가 필수적이니 만큼 '앙팡'이라는 말을 우유의 상표로 사용했을 것입니다. '메종'은 인테리어, 생활 정보를 주로 다룬 잡지죠. '메종'이 '집'이라는 뜻을 지니고 있으니 잡지 이름으로 적당한 것 같습니다. 발음도 예쁘죠.

enfant [앙펑] 어린 아이

maison [메종] 집

프랑스어로 된 빵집들!

'파리 바게뜨', '레뻬 도르', '뚜레주르' 등 빵집 이름으로 프랑스어를 사용한 곳이 많습니다. 프랑스인들이 빵을 만드는 기술의 탁월함을 잘 말해주고 있죠. '파리 바게뜨'에서 '바게뜨'는 '가느다란 막대기'라는 뜻입니다. 요정의 요술 지팡이도 '바게뜨'라고 하고, 오케스트라 지휘자의 지휘봉이나 군대 장교의 지휘봉 또한 '바게뜨'라고 부릅니다. 물론 '파리 바게뜨'에서 '바게뜨'는 막대기처럼 긴 빵을 말하죠.

'뚜레주흐'는 '날마다'라는 뜻입니다. '뚜레주흐 프랑스어를' 하면 어제도, 오늘도, 그리고 내일도 프랑스어를 공부한다는 의미겠죠? '레뻬 도흐'는 상당히 문학적인 의미가 내포되어 있습니다. '황금 이삭'이란 뜻으로서, '레뻬'가 '이삭', '도흐'가 '황금의'라는 의미입니다. 누렇게 물든 밀밭을 연상할 수 있고, 보기만 해도 군침이 도는 빵의 빛깔을 나타내기도 하죠. 그러고 보면 프랑스어는 특히 상호나 상표에 많이 사용되는 것 같습니다. 여러분이 좋아하시는 아이스크림을 어디서 많이 사 드십니까? 혹시 '떼흐 드 글라스' 아닌가요? '떼흐'는 '땅'이라는 뜻이니 '얼음 나라', '동토' 또는 '아이스크림 나라'라는 뜻입니다.

baguette [바게뜨] 가는 막대기, 지휘봉, 바게뜨빵

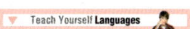

tous les jours [뚜레주흐] 날마다
L'épi d'or [레삐 도흐] 황금 이삭
terre de glace [떼흐 드 글라스] 얼음 나라

좀 더 예전부터 사용되었던 말들을 찾아볼까요? 조금은 문학적이고 낭만적 정서에 어울리는 말로 '멜랑꼴리' 가 있습니다. '멜랑꼴리' 는 '애수' 또는 '우울' 이라는 의미를 갖고 있고, '멜랑꼴리하다' 하면 보통 '우수에 젖어있다' 라는 의미로 쓰입니다. 그런데 고대 의학에서는 '멜랑꼴리' 가 체액 중의 하나를 뜻하였고, 이 체액의 과다한 분비가 슬픔을 낳는다고 하였습니다. 비가 오거나 안개가 낀 날 '멜랑꼴리' 한 분위기에 젖어보는 것도 괜찮겠죠.

mélancolie [멜랑꼴리] 애수, 우울

몇 년 전에 개봉되었던 '물랭 루즈' 라는 영화는 파리 몽마르트르 언덕 아래에 있는 100년 넘은 공연장 '물랭 루즈' 를 배경으로 하고 있습니다. '물랭' 이란 단어가 '풍차' 라는 뜻이고, '루즈' 는 '빨간색' 을 뜻합니다. 입술에 칠하는 화장품이 예전에는 빨간색뿐이었기 때문에 지금도 립스틱을 '루즈' 라고 부르죠. 몽마르트르 언덕은 파리 주변에서 가장 전원적인 풍경을 띠는 곳이었습니다. 당시엔 많은 풍차들이 있었지요. 파리에 머물던 많은 화가들이 그 전원적인 풍경과 풍차를 화폭에 담았답니다. 곱사등이 화가 뚤루즈 로트렉과 고흐, 위틀리로가 대표적이지요.

moulin rouge [물랭 후쥬] 물랭 루즈, 빨간 풍차

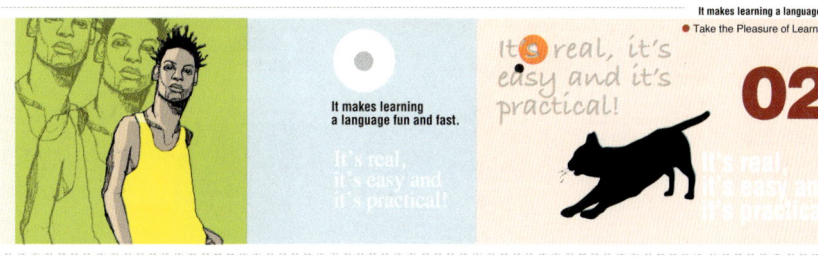

노블레스 오블리주

좀 더 시사적인 단어들을 찾아볼까요?
요즘 신문이나 잡지에도 '노블레스 오블리주' 라는 말이 종종 쓰이고 있습니다. 프랑스 속담을 아주 자연스럽게 우리말에 섞어 쓰는 경우로서, '지위가 높으면 덕도 높아야 한다.' 는 의미를 갖습니다. '천박해!, 천박해!' 라는 뜻과는 반대되는 말이라고 할 수 있죠. 사회적 지위나 책임감을 생각지 않고 자신의 이익을 위해 어떠한 행동도 서슴지 않는 사람들을 말할 때 종종 쓰입니다. 프랑스어를 조금은 해야 하는 것 역시 '노블레스 오블리주' 아닐까요?

noblesse oblige
[노블레스 오블리쥬] 지위가 높으면 덕도 높아야 한다

아주 자연스럽게 써왔기 때문에 특별히 프랑스어라는 의식조차도 없었죠? 많은 화장품 광고에 등장하는 단어들, 그림 또는 펜싱과 관련된 표현들 대부분이 프랑스어랍니다.

발음을 익히면서, 문장을 배우면서 또 알아보기로 하고, 이번엔 프랑스인들이 가장 많이 쓰는 말로는 어떤 것들이 있는지 한번 알아볼까요?
여러분은 하루 중에 어떤 말을 가장 많이 사용하십니까? 흥미로운 질문이죠. 물론 식당을 경영하시는 분은 '어서 오세요.' 를 많이 쓰시겠고, 공부하는 학생을 자녀로 둔 어머니는 '공부해!' 라는 말을 가장 많이 사용할 것입니다. '안녕하세요!' , '사랑해!' , 글쎄요? 프랑스인들이 하루 중 가장 많이 쓰는 말이 우리와 일치하는 것은 아닙니다. 하지만 프랑스인들은 어떤 직업을 갖든지 하루 중에 가장 많이 쓰는 말이 거의 동일합니다. 궁금하시죠?

가장 즐기는 표현들!

우선 우리와 비슷하게 '안녕하세요!' 라는 말을 많이 쓰는 것 같습니다. 프랑스어로 '봉주흐' 라고 하죠. 그런데 우리와 차이가 있다면 엘리베이터 안에서 전혀 모르는 사람과 만났을 때에도 프랑스 사람들은 '봉주흐' 라고 인사한답니다.

프랑스인들이 하루 일과 중에서 많이 쓰는 또 다른 말은 '메흐씨' 입니다. '고맙습니다.' 라는 뜻이죠. 예를 들어 식당에 밥을 먹으러 갔을 때 최소한 10번은 사용할 것입니다. 발음 연습도 할 겸 한번 나열해 볼까요? 식당 문을 열고 '봉주흐' 라고 인사한 다음, 웨이터가 코트를 받아주면 '메흐씨', 자리를 안내하고 친절하게 의자를 내어주면 '메흐씨', 물을 갖다 주고 메뉴를 갖다 주면 '메흐씨', 주문을 받아 가면 '메흐씨', 전식을 가져다주면 '메흐씨', 전식을 치우고 중식을 가져오면 '메흐씨', 포도주를 따라주면 '메흐씨', 빈 그릇을 치우고 후식을 가져오면 '메흐씨', 후식 후에 차를 가져오면 '메흐씨', 계산서를 가져오면 '메흐씨', 거스름돈을 가져오면 '메흐씨', 다시 코트를 가져다주면 '메흐씨', 나오면서 '메흐씨' 등 습관적으로 어색하거나 딱딱할 수 있는 분위기를 '메흐씨' 라는 인사로 부드럽게 만들어갑니다. 집안에서도 물론 마찬가지입니다. 부부사이에, 부모와 자식사이에, 형제사이에도 언제나 빠짐없이 쓰이죠. 이러한 표현에 대해서는 학교, 가정 모두 어린아이들에게 엄격하게 반복해서 훈련시킵니다. 자! 한번 발음해볼까요? '메흐씨 마망!' , '메흐씨 셰리!'

Bonjour! [봉주흐] 아침 또는 낮에 만날 때 하는 인사
Merci, maman! [메흐씨, 마망] 엄마 고마워요.
Merci, chéri! [메흐씨, 셰리!] 여보 고마워.

메흐드! 18! XX!

위의 두 표현 못지않게 프랑스인들이 많이 쓰는 말이 있습니다. 우리는 옷깃만 스쳐도 인연이라고 하는데, 프랑스인들은 옷깃만 스쳐도 '빠흐동' 이라고 말합니다. 엘리베이터에 상대보다 먼저 들어가게 되는 경우, 지하철 문에서 서로 엇갈리며 부딪혔을 때, 지나가는 사람을 잡고 길을 물을 때, 자신도 모르게 트림을 했을 때 '빠흐동' 이라고 합니다.

프랑스인들이 정말 이렇게 상냥한 말만 많이 할까요?
프랑스인들이 많이 쓰는 말 중에 하나가 '메흐드' 라는 욕일 것입니다. 혼자서 일이 풀리지 않을 때, 또는 상대방에게 화가 났을 때 '메흐드!, 메흐드!' 라고 욕을 해댑니다. 교양이 있고 없고 관계없이 모두 사용하지만, 연령이 많은 분들은 '메흐드' 보다 좀 더 점잖은 '쥐뜨' 라는 표현을 사용합니다. 프랑스에서 여행하거나 체류할 때 욕 한두 가지를 배워두면 어떨까요? 상대방은 마구 욕을 해대는데 당황해서 얼른 생각이 나지 않으면 곤란하지 않겠습니까? '메흐드, 메흐드, 메흐드......' 하고 반복해서 외워두었다가, 그럴 경우가 생기면 먼저 '메흐드!, 메흐드!' 하고는 휑 하니 가버리는 것입니다. 속이 후련하겠죠.

Pardon! [빠흐동] 미안합니다.
Merde! [메흐드] 빌어먹을!
Zut! [쥐뜨] 제기랄!

자! 출퇴근, 또는 등하교 길에 기분 좋으면 우리말로 '안녕하십니까?', '미안합니다!' 라고 큰소리로 이야기하고, 기분이 좋지 않으면 아무도 이해하지 못하는 프랑스어로 '메흐드!' 또는 '쥐뜨!' 어떻습니까? ^0^;

Take the Pleasure of Learning! It makes learning a language fun and fast.

French 1/6

 **Easy**
It makes learning a language fun and fast.

 **Fun**
It makes learning a language fun and fast.

 Quick
It makes learning a language fun and fast.

French 2/6

French 3/6

French 4/6

French 5/6

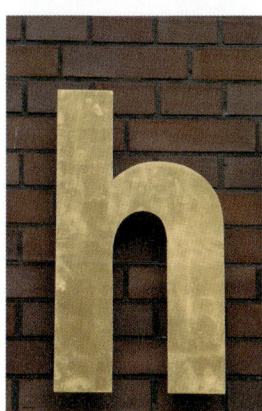
French 6/6

003
프랑스어는 발음이 예쁘다!
봄과 프렝땅
printemps [프렝땅]

프랑스어가 상류층에서 쓰이는 언어라는
이유 중에 하나가 아름다운 발음 때문이라죠.
이번 과에서는 콧소리인 비음과 프랑스어의 매력인 **r** 의 발음을 같이 알아봅니다.
그리고 알파벳과 예외적인 발음들에 대해서도 같이 알아보죠.

그렇다! 프랑스어의 아름다움은 콧소리다!

파리에서 한 오스트리아 친구를 사귀었습니다.
신학공부를 하는 학생인데 프랑스어를 썩 잘했습니다.
그는 프랑스인들과 의사소통을 하는데 거의 어려움이 없었고 간혹 모르는 말이 있으면 어김없이 '빠흐동~?' 하며 설명을 요구했습니다. 알아듣는 척하면서 그냥 지나치는 사람(?)도 있는데 말이죠. 어느 날 카페에 앉아 지하철에서 읽던 책을 테이블 위에 놓았습니다. 가벼운 소설이었죠. 그런데 그 친구가 책을 뒤적이더니 내가 읽는 것이냐고 묻지 않겠습니까? 그렇다고 했더니 아주 놀라는 표정을 지으면서 자기는 프랑스어를 읽을 줄 모른다고 했습니다. 이번에는 제가 놀랐습니다. 어떻게 읽을 줄 모르면서 저렇게 말할 수 있을까? 중학교 때부터 프랑스어를 배웠는데 한 번도 읽고 쓰는 것을 배우지 않고 선생님과 대화만 했다는군요. 자기가 예외가 아니라 많은 학생들이 그렇답니다. 물론 유사한 언어이기 때문에 가능한 일이기도 하겠지만, 권해드리고 싶은 방법 중에 하나이기도 합니다. 철자는 확인하는데 그치고, 가능하면 표현을 반복해 발음하면서 프랑스 말을 익히는 것입니다. 더군다나 글을 써야한다는 강박관념을 가질 필요가 없죠. 특히 이 책은 읽으면서 배우는 프랑스어 책이니까요.

프랑스어의 발음이 아름답다는 것은 잘 알려져 있습니다.
어떤 발음들이 있는지 알아볼까요?
무엇보다도 프랑스어 발음을 특징짓는 것은 비음, 즉 콧소리입니다.
콧소리를 한번 내보시겠습니까? '옹~', '홍~', '엄망~, 용돈주세용~!', '여봉~, 사랑해용~!' 약간 닭살이 돋으려하나요? 하지만 적당히 콧소리를 섞을 때 말은 훨씬 아름다워질 수 있답니다.

한번 발음해볼까요?
조금 전에 배운 '앙팡' 이라는 단어에는 비음이 두 번이나 들어가 있습니다. 그러니까 **enfant** 은 [앙~팡~]으로 발음됩니다. 프랑스어에서 **en** 이나 **an**, **em** 이나 **am** 은 모두 콧소리가 섞인 우리말[앙~]으로, **on** 이나 **om** 은 우리말 [옹~]으로, **in** 이나 **im** 은 우리말 [엥~]으로 발음됩니다.

비음에 관한 몇 가지 예를 더 들어볼까요?

encore [앙꼬흐] 다시 한 번

tonton [똥똥] 삼촌, 아저씨

printemps [프렝땅] 봄

콧소리가 두 개나 들어가는 '프렝땅' 발음에서 봄기운이 느껴지십니까?

사투리로 말하는 프랑스어!

위에서 프랑스어 철자 r 가 종종 우리말 [흐]로 표기되는 것을 주목했을 것입니다. 프랑스어 발음의 매력 중의 하나가 r 발음입니다. 프랑스어에서 r 를 정확히 발음한다면 [르]와 [흐]의 중간일 것입니다. 우리말 [흐]에 가깝게 발음할 때 아주 세련된 r 발음이 나옵니다. 하지만 프랑스인들도 [르~]하며 굴려 발음하기도 하죠. 특히 프랑스 남부에서 그렇게 발음합니다. [흐]로 발음하면 아주 좋고, [르~]하며 가보지 못한 프랑스 남부 사투리 발음을 해보는 것도 괜찮겠죠? 우리말 'ㄹ'로 표기된 경우에도 'ㅎ'를 염두에 두며 발음하시기 바랍니다. 자, [르~]. 프랑스 자동차 중에서 가장 유명한 브랜드가 **Renault** 자동차입니다. 보통 [르노]라고 발음하죠. 하지만 [흐노]라고 발음하면 더욱 세련된 발음이 됩니다.

Renault [호노] 르노자동차

'까바?' 보단 '싸바?' 가 좋아요!

프랑스어가 얼마나 발음에 세심한 배려를 하고 있는지 알 수 있는 것 중의 하나는 ç 에서처럼 꼬리를 단 것입니다. 프랑스어에서 c 는 a , o , u 앞에서는 우리말 [ㄲ]로 발음되고, i 나 e 앞에서는 [ㅅ]로 발음됩니다.

coca [꼬까] 코카콜라

cinéma [씨네마] 영화관

그런데 '웨이터' 라는 뜻의 **garçon** 의 경우 ç 에 꼬리가 없으면 [갸흐꽁]으로 발음되어 아름답게 들리지 않습니다. 더군다나 프랑스어 [꽁]이라는 발음에는 '바보' 라는 뜻이 담겨있습니다. 그래서 c 에 꼬리표를 붙여 ç 를 만들면 [갸흐쏭]으로 비음과 함께 아름다운 발음이 되죠. 물론 '바보' 라는 뜻의 발음도 사라지고요.

garçon [갸흐쏭] 소년, 웨이터

Ça va? [싸바?] 잘 지내니?

잘 지내는지 물으면서 '까바?' 라고 발음하는 것은 조금 어색하죠. 다정하게 '싸바?' 라고 발음하는 것이 훨씬 낫지 않겠습니까? 인사하는데 '싸바?' 어렵지 않죠? 어떻습니까? 프랑스어가 발음에 많은 배려를 하고 있다는 것을 알 수 있겠죠.

자칫 틀리기 쉬운 발음!

프랑스어 자음 중에 영어에서 발음되는 것과 다르게 발음되는 것이 있다면 **p** 와 **t** 입니다. **p** 는 우리말 [쁘]로 **t** 는 우리말 [뜨]로 발음됩니다. 스티브 맥퀸과 더스틴 호프만이 열연한 영화 '빠삐용' 을 아시나요? 안 보셨으면 꼭 한번 보세요. 자유에 대한 열정이 정말 잘 표현되어 있습니다. '빠삐용' 은 '나비' 를 뜻하는 프랑스 말이죠. 위에서 이미 예로든 '똥똥' 이나 '떼흐' 등에서 **t** 의 발음을 볼 수 있습니다.

papillon　　[빠삐옹]　나비

toilettes　　[뚜알레뜨]　화장실

물론 약간의 예외가 있기는 합니다. **p** 나 **t** 또는 **c** 다음에 **r** 가 오면 [쁘]나 [뜨] 또는 [끄]가 아니라 [프]나 [트] 또는 [크]로 발음됩니다. 잘 알고 있는 말을 예로 들어볼까요.

crayon　　[크레이옹]　연필

grand prix　　[그랑프리]　그랑프리, 대상

train　　[트렝]　기차

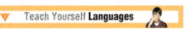

프랑스어를 조금 아는 분들은 '고급 기성복' 이라는 프랑스어를 [쁘레따 뽀르떼]라고 발음한답니다. 틀렸죠? 어떻게 발음해야 할까요? [프레따 뽀흐떼]가 맞습니다.

prêt-à-porter
[프레따 뽀흐떼] 유명 디자이너들의 고급 기성복

연음, 알파벳

프랑스어 발음에서 발음을 아름답게 하는 요소 중에 하나가 연음, 즉 이어 발음하는 것입니다. '프레따 뽀흐떼' 에서 **prêt** 는 홀로 쓰일 때 마지막 자음 **t** 가 발음이 되지 않기 때문에 [프레]라고 발음되다가, 뒤에 오는 [아]와 이어져 [프레따]가 되는 것입니다.

'아주 사랑스러운' 이라는 뜻을 가진 **très aimable** 에서도 마찬가지입니다. **très** 는 **s** 가 발음되지 않기 때문에 [트레]로만 발음되다가, 뒤에 오는 모음 [에]와 연결되어 '트레 제마블' 이 됩니다. 모음이 충돌하는 것을 회피하기 위해 발음하지 않던 자음을 다시 발음하는 것이지요. 그리고 프랑스어에는 악센트가 없습니다. 악센트의 위치를 알아야 하는 영어에 비교하면 한결 쉬운 편이죠.

très aimable
[트레 제마블] 아주 사랑스러운

자! 그럼 알파벳을 프랑스식으로 발음해볼까요?

A 아 [ㅏ]   B 베 [ㅂ]   C 쎄 [ㄲ/ㅋ/ㅅ]

D 데 [ㄷ]   E 으 [ㅔ/ㅡ/ㅓ]   F 에프 [ㅍ]

G 제 [ㄱ/ㅈ]   H 아쉬 [무성음]   I 이 [ㅣ]

J 지 [ㅈ]   K 까 [ㄲ]   L 엘 [ㄹ]

M 엠 [ㅁ]   N 엔 [ㄴ]   O 오 [ㅗ]

P 뻬 [ㅃ/ㅍ]   Q 뀌 [ㄲ]   R 에흐 [ㅎ/ㄹ]

S 에스 [ㅅ]   T 떼 [ㄸ/ㅌ]   U 위 [ㅟ]

V 베 [ㅂ]   W 두블르베 [ㅠ]   X 익스 [ㅋ/ㅅ]

Y 이그렉 [ㅣ]   Z 제드 [ㅈ]

French

Teach Yourself Languages

 Easy
It makes learning a language fun and fast.

 Fun
It makes learning a language fun and fast.

 Quick
It makes learning a language fun and fast.

004 ⬤⬤⬤⬤

아하! 모음 발음은 이렇게!

보졸레 누보
beaujolais nouveau [보졸레 누보]

프랑스어 모음 발음은 일정한 규칙이 있습니다. 그래서 한 번 규칙을 배우면 누구나 전혀 모르는 단어도 읽을 수 있습니다. 예외가 거의 없죠. 하지만 우리말에 없는 발음이 있습니다. 입술 모양을 만들기 위해 애를 써야 하지요. 그리고 프랑스어 문자에는 이상한 부호들이 붙어 있습니다. 그 이유를 알아볼까요?

프랑스어에서 철자 상으로 모음은 **a, e, i, o, u** 다섯 개이지만, 모음 발음은 서로 다른 철자들의 결합 또는 철자부호의 사용 등으로 아주 다양해집니다. 앞에서 모음과 자음이 결합하여 **an, am, en, em** 등은 [앙], **in, im** 등은 [엥], **on, om** 은 [옹]의 비모음 소리를 내는 것을 이미 보셨죠. 자 이제 본격적으로 철자부호부터 시작하여 모음 발음을 공부해볼까요?

Take the Pleasure of Learning! It makes learning a language fun and fast.

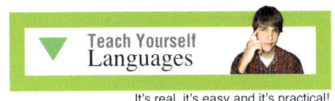

It's real, it's easy and it's practical!

간단한 철자부호들

우리가 알고 있는 프랑스 단어 중에서 가장 친숙한 것 중의 하나가 '까페' 일 것입니다. **café** [까페]는 '커피' 또는 '커피숍' 을 뜻합니다. 프랑스어임에도 불구하고 우리말로 보통 '카페' 라고 발음하고 표기하죠. 이제 프랑스어를 배우니 프랑스식으로 '까페' 라고 발음하는 것이 좋을 것 같습니다. 마지막 철자 **e** 에 철자부호 ´ 가 붙어 **é** 가 되어 [에]로 발음 되었습니다. **é** 가 사용된 다른 단어들을 알아볼까요? 먼저 **bébé** 라는 단어에는 두 개나 들어있네요. 발음하실 수 있겠죠? [베베]로 발음합니다. 우리말로 '아기' 를 뜻합니다. 어린아이가 말을 더듬는 듯한 소리네요. 영국인들은 차를 좋아한다고 그러죠. 아이스크림을 먹을 때, 또는 쿠키를 먹을 때 따뜻한 차 어떠세요?

café [까페] 커피   **bébé** [베베] 아기

thé [떼] 차

프랑스어에 참 재미있는 단어들이 있습니다. 철자가 비슷하면서 의미도 연관이 있는 단어들이죠. 우리말에서 어머니를 무엇에 가장 많이 비유하나요? 소설, 시 등에서 어머니를 가장 잘 비유하는 것은 '바다' 일 것입니다. 그런데 재미있는 것은 프랑스어에서 두 단어의 발음이 거의 비슷하다는 거죠.

mère [메흐] 어머니   **mer** [메흐] 바다

é 와 è 의 차이는 반폐음과 반개음의 차이죠. 어렵나요?
우리말로는 모두 [에]로 표기하고, 뒤의 것을 조금 더 입을 벌려 발음하시면 됩니다. '아버지' 라는 의미의 프랑스어는 **mère** 에서 **m** 을 **p** 로 대체하면 됩니다. **père** [뻬흐]가 되겠죠? 그리고 e 다음에 자음이 두 개 겹쳐오는 경우에도 e 는 반개음으로 발음합니다. **Elle** 이라는 잡지 아시죠? 어떻게 발음될까요? 앞에서 배운 **terre** 도 마찬가지입니다.

père [뻬흐] 아버지   **Elle** [엘] 그녀, 잡지 (엘)

terre [떼흐] 땅

프랑스어를 읽다보면 삿갓 모양의 부호(ˆ)가 있습니다.
대부분의 철자부호들이 그런 것처럼 발음 때문에 붙이기도 하고, 다른 단어와 구별하기 위해 붙이기도 하고, 옛 단어의 흔적으로 남아있기도 합니다. '트레마' 라고 불리는 부호(¨)도 마찬가지입니다.

hôtel [오뗄] 호텔   **Noël** [노엘] 성탄절

'보졸레 누보' 엔 모음이 많다!

이제 몇 가지 모음의 발음에 대해 알아볼까요?
'보졸레 누보' 많이 들어보셨죠? 프랑스 중부에서 약간 동쪽으로 치우친 곳에 부흐고뉴 지방이 있습니다. 이 지역에서 그 해에 수확한 포도로 만들어 11월 3째 주 목요일에 시판하는 포도주입니다. 포도주의 질이 뛰어나서라기보다는 과일 맛을 더 느낄 수 있는 특징을 갖고 있죠. 철자로 한번 확인해 볼까요?

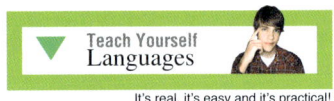

It's real, it's easy and it's practical!

Beaujolais nouveau
[보졸레 누보]
그 해 수확한 포도로 만든 부르고뉴 지방 보졸레산 햇포도주

Beaujolais nouveau, 모음이 몇 개씩 겹쳐있어 발음하기 힘들어 보이네요. 하지만 프랑스어 모음은 나름대로 규칙을 가지고 있고, 중요한 것은 예외가 적다는 것입니다. 그러니까 이러이러한 철자가 이러이러하게 발음된다고 하면 예외 없이 모두 그렇게 읽고 발음하면 됩니다. 우선 프랑스어에서 **ou** 는 항상 [우]로 발음됩니다. 앞에서 배운 **tous les jours** [뚜레주흐]에서 **tous** [뚜]와 **jours** [주흐]가 그랬죠? 유명한 루브르박물관 역시 마찬가지의 경우입니다.

tous [뚜] 모든   **jours** [주흐] 날들

Louvre [루브흐] 루브르박물관

그리고 철자 **au** 나 **eau** 는 [오]로 발음됩니다. 여러 모음이 겹치지만 발음은 간단하게 되죠?

restaurant [레스또항] 식당

beau [보] 아름다운

nouveau [누보] 새로운

프랑스어 철자 **ai** 는 많은 단어에서 쓰입니다. 항상 [에]로 발음되죠. 프랑스 사람을 같이 발음해볼까요? 지금까지 배운 것으로 충분히 발음할 수 있을 것입니다.

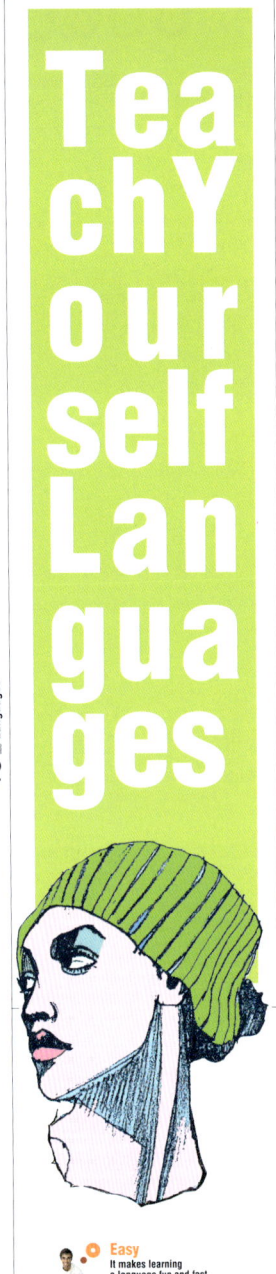

français [프항세] 프랑스 사람

Beaujolais [보졸레] 보졸레 지방

프랑스 국가대표 축구팀, '레블뢰'

우리말에 없는 프랑스어 발음은 어떻게 할까요?
콧소리, 별로 어렵지 않은 발음 규칙, 우아한 발음 등으로 쉽게 시작된 프랑스어 발음이 어려움에 부딪히게 됩니다. 우리말에 없으니 당연히 한 번도 그렇게 입모양을 내본 적이 없는 단어를 발음하는 것, 쉬운 일이 아닙니다. 그러나 비결이 없는 것은 아닙니다. 가장 중요한 것은 틀리더라도 크게 발음하는 것입니다. 크게 발음해야 상대방이 대충이라도 무슨 단어인지 짐작할 수 있습니다. 자신 없이 입을 오물거리면 상대방이 절대로 알아들을 수 없죠. 그리고 크게 발음해야 상대방이 틀린 것을 지적하기 쉽습니다. 완벽한 발음보나 크게 발음하고, 수정할 수 있어야 합니다. 먼저 프랑스어의 모음 **u** 는 [우]가 아니라 [위]로 발음됩니다. 우리가 알고 있는 단어들을 예로 들어볼까요?

début [데뷔] 시작, 데뷔   **Étude** [에뛰드] 공부

이때 [위] 발음은 단모음이라서 [위이]나 [우이]가 아니라 짧게 [위]라고 발음해야 합니다. 프랑스어의 철자 **u** 는 모두 이렇게 발음하면 됩니다. 실제 입모양은 [우] 소리 모양으로 만들고, 실제 소리는 [이]로 냅니다. 어렵겠죠? [위]를 짧게 발음하세요.

프랑스 축구팀을 부를 때 뭐라고 하는지 아시죠? '레블레' 또는 '레블뢰 군단' 이라고 합니다. 프랑스 국기 중의 한 색깔인 파란색을 주로 해서 유니폼을 입기 때문에 '파란색 유니폼의 선수들' 이란 의미로 그렇게 부릅니다. 그런데 어느 것이 맞을까요? 때로 영어식 발음에 가깝게 '레블루' 라고도 합니다. 우선 프랑스 국기 색깔을 프랑스어로 발음해볼까요?

bleu [블뢰] 파란색 **blanc** [블랑] 흰색
rouge [후쥬] 붉은색

'파란색 유니폼을 입은 선수들' 이란 의미로 쓰려면 앞에 정관사를 붙여 **les Bleus** 라고 쓰고 [레블뢰]로 발음합니다. 쉽게 발음하기 위해 [레블레]로 발음하기도 하지만 가능하면 원음에 가깝게 발음하는 것이 좋겠죠.

les Bleus [레블뢰] 프랑스 국가대표 축구 팀 명칭

유럽공동체 화폐가 무엇인가요? **Euro** 입니다. 우리말로 쉽게 '유로' 화라고 말하죠. 그런데 이 단어가 발음하기가 쉽지 않습니다. 잘못 발음하면 '에로' 로 들려, 유럽공동체 화폐가 결정되는 막판까지 논란이 되었습니다. **eu**의 [외] 발음이 입모양은 [오]로 하고 소리는 [에]로 짧게 내야하기 때문에 쉽지 않습니다.

euro [외로] 유로화

그런데 똑같은 **eu** 지만 **oeu** 의 형태로 쓰이는 경우 좀 더 입을 벌려 [외]로 발음하는 경우가 있습니다. 몽마르트 언덕 위에 있는 성심성당을 프랑스어로 어떻게 발음하는지 아시나요? [꾀르]를 [꾀에르]에 가깝게 발음하시면 됩니다.

Sacré-Coeur [싸크레 꾀르] 성심성당

보일라?

누군가를 소개할 때 쓰는 단어 중의 하나가 **voilà** 입니다. 쉽게들 [보일래]로 읽죠. 난방용 귀뚜라미 '보일라' 일 수도 있고, '보일라, 꼭꼭 숨어라' 할 때 '보일라' 일 수도 있습니다. ·___·

그런데 프랑스어에서 **oi** 는 우리말로 [와]로 발음 됩니다. [우]를 아주 짧게 발음하고, 바로 [아]로 발음하기 때문에 거의 [와]로 들립니다. 이때 짧 은 [우]를 반모음이라 하죠. 그러니 [보일래]가 아 니라 [부알래]겠죠? **Voilà Henri.** [부알라 앙리.] 하면 '(이 사람은) 앙리야.' 라는 뜻입니다.

voilà
[부알라]
이 사람은 ... 이다

voilà

Take the Pleasure of Learning!
It makes learning a language fun and fast.

005

친구에게 안부를 물어볼까요?

잘 지내니?
Ça va? [싸바?]

만나고 헤어질 때 하는 인사,
우리말도 다양하게 표현하죠?
간단한 몇 가지 표현을 알아보겠습니다.
간단한 표현이니 만큼 표정과 액션이
더욱 중요하겠지요. 정말 반가운 듯이,
정말 서운한 듯이 감정을 넣어
발음하고 표정을 지어보세요.
친구도 거울을 보듯이 따라하지 않을까요?

Take the Pleasure of Learning! It makes learning a language fun and fast.

 ## 친하면 '쌀뤼~!' 하세요!

프랑스 사람들은 만날 때 **Bonjour!** [봉주흐] 또는 **Salut!** [쌀뤼!]라고 인사하며 서로 볼을 마주칩니다. 친한 경우는 좌우로 4번을 부딪히고, 간단하게 2번으로 그치는 경우도 있습니다. 상상만으로도 기분이 좋지 않습니까? 따스한 볼을 서로 마주치면서 입으로 '쪽', '쪽' 소리를 만들어내죠. 물론 가볍게 악수를 하기도 하고, 손을 가볍게 흔들어 인사하기도 합니다. 한번 해볼까요?

Bonjour!
[봉주흐] 안녕!

Salut!
[쌀뤼!] 안녕!

 ## 싸바? 뭘 싸바?

'쌀뤼'는 젊은이들 사이에 주고받을 수 있는 훨씬 더 가벼운 인사입니다. 아니면 허물없이 주고받을 수 있는 친한 사이에 사용되는 표현이죠. 만나서 '안녕'하고 인사하고 끝내는 경우는 거의 없습니다. 볼을 마주치고 나서 '어떻게 지내니?' 또는 '잘 지내니?'라고 묻는 것이 보통이죠. 프랑스어로 발음해볼까요? **Comment ça va?** [꼬망 싸바?] 간단하죠. 더 간단하게 **Ça va?** [싸바?] 하기도 합니다. (싸기는 뭘 싸바? ·___·:) 자! 친구를 만났다고 생각하고 인사해볼까요? (**comment** [꼬망] 어떻게)

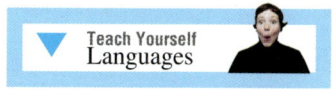

Bonjour! Comment ça va?
[봉주흐! 꼬망 싸바?] 안녕! 어떻게 지내니?

Bonjour! Ça va?
[봉주흐! 싸바?] 안녕! 잘 지내니?

대답도 쉽습니다. 우리말로 '어떻게 지내니?' 또는 '잘 지내니?' 라고 물으면 어떻게 대답하십니까? '잘 지내.', '응, 잘 지내.' 라고 대답하죠. 프랑스어도 마찬가지입니다. 묻는 말을 그대로 따라서 해주면 됩니다.

Bonjour! Comment ça va?
[봉주흐! 꼬망 싸바?] 안녕! 어떻게 지내니?

Ça va.
[싸바.] 잘 지내.

Bonjour! Ça va?
[봉주흐! 싸바?] 안녕! 잘 지내니?

Oui, ça va.
[위, 싸바.] 응, 잘 지내.

'아주 잘 지내.' 라고 말하고 싶으면 '트레비엥!' 이라고 말하면 됩니다. 영어의 '베리 굳!' 에 해당되는 표현이죠. 묻고 대답해볼까요?
(**très** [트레] 매우, **bien** [비엥] 잘)

Bonjour! Comment ça va?

[봉주흐! 꼬망 싸바?] 안녕! 어떻게 지내니?

Très bien!

[트레비엥!] 아주 잘 지내.

 넌 어떠니?

친구가 잘 지내느냐고 물어주었는데 잘 지낸다고 대답만 하고 그친다면 친구가 서운해하지 않을까요? 마찬가지로 물어보아 주는 것이 예의일 것입니다. 우리말로 '넌?' 하면 되죠. 프랑스어도 마찬가지입니다. **Et toi?** [에 뚜아?] 아주 간단합니다.

Bonjour! Ça va?

[봉주흐! 싸바?] 안녕! 잘 지내니?

Très bien. Et toi?

[트레비엥. 에 뚜아?] 아주 잘 지내. 넌?

그러면 친구도 내가 대답했듯이 '싸바!' 또는 '트레비엥!' 이라고 대답할 것입니다. 자! 친구와 인사하는 장면을 전체적으로 만들어 볼까요?

Bonjour! Comment ça va?
[봉주흐! 꼬망 싸바?] 안녕! 잘 지내니?

Très bien. Et toi?
[트레비엥. 에 뚜아?] 아주 잘 지내. 넌?

Ça va, merci.
[싸바, 메흐씨.] 잘 지내, 고마워.

대답할 때마다 매번 '메흐씨' 를 붙여주면 한결 따뜻한 인사가 되겠죠. '봉주흐!' 는 '좋은 날씨네요.' 라는 말입니다. 보통 아침부터 오후까지 '봉주흐!' 라는 표현을 사용하고, 저녁에는 **Bonsoir!** [봉수아흐!] 그리고 밤에는 **Bonne nuit!** [본뉘!] 라는 말을 씁니다. '봉수아흐!' 가 '좋은 저녁입니다.' 라는 뜻이라면, '본뉘!' 는 '좋은 밤입니다.' 또는 '잘 자.' 라는 의미로 사용됩니다. 잠자리에 들기 전에도 볼에 입맞춤을 하죠. 프랑스 어린이들은 9시경 전후에 잠자리에 듭니다. 잠자기 전에 엄마나 아빠가 책을 읽어주는 것이 보통인데, 흥분된 마음을 가라앉혀 주고 부모님과 따스한 감정을 교환할 수 있는 시간이죠. 아이들이 9시 이후까지 텔레비전을 보는 경우는 거의 없습니다. 같이 발음해볼까요?
(**bonsoir** [봉수아흐] 저녁인사, **nuit** [뉘] 밤)

Bonsoir!
[봉수아흐!] 안녕!

Bonne nuit!
[본 뉘!] 잘 자.

Bonne nuit!

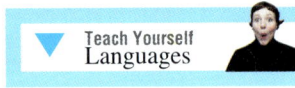

 # 헤어질 때!

헤어질 때 하는 인사 표현을 배워보죠. 가장 일반적으로 사용되는 표현은 **Au revoir!** [오흐봐흐!]입니다. 우리말로 '또 보자.' 라는 뜻이죠.

Au revoir!
[오흐봐흐!] 또 보자.

'어! 프랑스어에서 헤어질 때 하는 말로 **Adieu!** [아듀!]가 있지 않나요?' 라고 묻고 싶죠? 맞습니다. 하지만 오랫동안, 또는 영원히 헤어질 때 쓰는 말이기 때문에 실생활에서 사용되는 경우는 거의 없죠. '오흐봐흐!' 말고 '내일 보자.' 라고 말할 때는 **À demain!** [아드맹!], '곧 다시 보자.' 라고 할 때는 **À bientôt!** [아비엥또!] 등을 사용합니다. 물론 상황에 따라 다른 인사말이 있습니다. 점차 배워 나갈 것입니다. 헤어질 때 쓰는 인사말들을 함께 발음해볼까요?
(**revoir** [흐봐흐] 다시 보다, **demain** [드맹] 내일, **bientôt** [비엥또] 곧)

Au revoir!
[오흐봐흐!] 또 보자.

À demain!
[아드맹!] 내일 보자.

À bientôt!
[아비엥또!] 곧 다시 보자.

À bientôt!

À bientôt!

프랑스어의 香氣!

향기를 구별하는 직업을 '조향사'라고 하죠. 보통 사람의 경우 7~8종의 냄새를 알아낼 수 있다고 하는데, 조향사는 800여 종의 향을 구별한답니다. 냄새에 탁월한 능력을 가진 사람은 '니스'라는 도시 이름만 생각해도 니스의 냄새를 불러일으킬 수 있다고 합니다. 아름다운 직업이죠. 여러분이 프랑스어를 익히는 것도 조금씩 프랑스의 냄새를, 파리의 냄새를 맡아 가는 과정이 아닐까요?

À bientôt!
[아비엥또!]
곧 다시 보자.

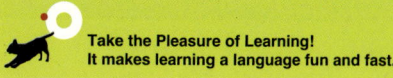

Take the Pleasure of Learning!
It makes learning a language fun and fast.

▼ Teach Yourself Languages

006

|  **Easy** It makes learning a language fun and fast. |  **Fun** It makes learning a language fun and fast. | **Quick** It makes learning a language fun and fast. |

엘렌, 쥬마뻴 엘렌...

프랑스에 처음 도착해서 가장 많이 사용하는 말이 이름과 국적 그리고 직업에 대한 소개입니다. 처음 만나는 프랑스인 또는 다른 외국인에게 수도 없이 이 말을 되풀이해야 합니다. 그래서인지 다른 말보다 이름과 국적, 직업을 표현하는 말은 프랑스 사람 못지않게 잘 발음할 수 있답니다. 먼저 이름을 소개하는 표현을 배워보겠습니다.

프랑스에서 한 동안 어린이들 사이에 유행한 노래가 있었습니다. **Hélène** [엘렌]이라는 노래죠. 처음이 '엘렌 쥬마뻴 엘렌 엘렌 쥬마뻴 엘렌' 으로 시작됩니다. '엘렌, 내 이름은 엘렌이야. 엘렌, 내 이름은 엘렌이야.' 라는 말이죠. 엘렌이란 어린 소녀의 환상과 꿈을 아름답게 노래하고 있답니다. 자! 우리도 자신을 먼저 소개해볼까요? '아리, 쥬마뻴 아리. 아리, 쥬마뻴 아리.' 아주 쉽고 예쁜 곡이라서 가르쳐드렸으면 좋겠는데, 지면으로는 안 되겠죠. 제일 좋아하는 노래에 리듬을 맞추어 노래 가사라고 생각하고 불러보시죠~!

Je m'appelle Arie.
[쥬마뻴 아리.] 내 이름은 아리야.

Je m'appelle Sylvie.
[쥬마뻴 씰비.] 내 이름은 실비야.

눈으로 프랑스어 문장의 철자를 외우려고 하는 것보다 '쥬마뻴 아리.' 를 발음하면서 귀로 암기하는 것이 좋습니다.

말은 무엇보다도 입으로 발음하고
귀로 듣는 것이기 때문에 쓸 것을
생각하여 눈으로 철자를 암기하는 것보다
반복해 발음하는 것이 중요합니다.
우리나라 예술가 중에 프랑스에서 가장 사랑을
받은 분은 마에스트로 정명훈 씨일 것입니다.

그가 오페라 바스티유의 음악담당 감독으로 임명된 후, 처음 프랑스 TV 뉴스 시간에 나와 인터뷰할 때는 영어로 이야기했습니다. 그런데 오래지 않아 정명훈 씨가 아주 능숙한 프랑스어로 인터뷰하는 것을 보았습니다. 그것이 가능했던 이유는 음악가의 빼어난 귀 때문일 것입니다. 귀를 사용해보세요. 입으로 발음하고 그 소리를 귀로 듣는 것이 오래 기억에 남습니다. '쥬마뻴 아리.', '쥬마뻴 썰비...'

네 이름은 뭐니?

프랑스 사람을 만나 인사하고 내 이름을 소개했습니다. 자 그러면 상대방의 이름을 물어보아야 하겠죠? '쥬마뻴 아리, 뛰따뻴 꼬망?' '쥬마뻴...', '뛰따뻴...' 비슷한듯하면서 조금 다르죠. '내 이름은...', '네 이름은...' 의 차이입니다. 그리고 '꼬망' 은 앞에서 공부한 듯한데...... '꼬망 싸바?' 예, 맞습니다. '어떻게 지내니?' 라고 물을 때 사용하였습니다. '뛰따뻴 꼬망?' 은 '네 이름은 뭐니?' 라는 뜻입니다. 한번 발음해볼까요?

Je m'appelle Arie.
Tu t'appelles comment?

[쥬마뻴 아리. 뛰따뻴 꼬망?]

내 이름은 아리야. 네 이름은 뭐니?

쉽죠! 상대방은 뭐라고 대답하겠습니까? '쥬마뻴 씰비.', 즉 내 이름 '아리'의 위치에 상대방의 이름 '씰비'만 집어넣으면 되죠. 프랑스인과 처음 이름을 주고받는 장면을 상상하면서 발음해볼까요?

Je m'appelle Arie.
Tu t'appelles comment?
[쥬마뻴 아리. 뛰따뻴 꼬망?] 내 이름은 아린데, 네 이름은 뭐니?

Je m'appelle Sylvie.
[쥬마뻴 씰비.] 내 이름은 실비야.

어! 그런데 프랑스어 철자를 보면 상당히 긴데 우리말로는 한 단어처럼 [쥬마뻴] 또는 [뛰따뻴]로 발음했죠. 그렇습니다. 사실 '나'와 '너'에 해당하는 '쥬'나 '뛰'가 혼자 쓰이는 경우는 없습니다. 그러니 복잡하게 구분해서 읽거나 암기할 이유가 없죠. 복잡한 것도 간단히 만들어서 공부하면 됩니다. 복잡한 문법은 그런 것 좋아하는 사람에게 맡기도록 하고 우리는 간단히 주어와 동사를 붙여서 [쥬마뻴], [뛰따뻴]로 발음하죠.

반갑습니다~!

자! 이름을 소개하고 서로 인사를 했으니 반가움을 표현해야겠죠. 우리말로는 '만나서 반가워!'라고 하지요. 어떤 분들은 '처음 뵙겠습니다.'라고 하기도 합니다. 조금 무겁나요? 어쨌든 프랑스 사람들도 처음 만났을 때 반가움, 기쁨을 표현하기 위해 나누는 인사가 있습니다. 보통 '앙샹떼'라고 하지요. 그러면 한번 발음해보시겠습니까?

Enchanté!
[앙상떼] 반가워!

반가움을 표시하기 위해 두 곳에나 콧소리를 넣었으니 상대방도 반가운 나의 기분을 충분히 이해할 것입니다.

걔 이름은?

한 걸음 더 나가 볼까요?
한 친구를 알았으니 그 친구를 통해 다른 친구의 이름을 알아보는 겁니다. '제 이름은 뭐니?' 우리말은 남성과 여성을 굳이 가르지 않기 때문에 '제' 또는 '걔' 하면 간단히 끝나죠. 특히 학생들이 선생님이 안 계신 곳에서 선생님을 지칭할 때 보통 '걔' 라고 그런다지요. '야, 불어 걔 요즘 왜 그러니? 수업시간에 화만 내고.' 그러신 적 없습니까? 하지만 영어에서 **he** 와 **she** 의 구분이 있듯이 프랑스어도 '그 남자', '그 여자' 로 구분하여 표현합니다. 그래서 남자의 경우 '일싸뻴 꼬망?', 여자의 경우 '엘싸뻴 꼬망?' 이라고 묻습니다.

Il s'appelle comment?
[일싸뻴 꼬망?] 걔 이름이 뭐니? (남자)

Elle s'appelle comment?
[엘싸뻴 꼬망?] 걔 이름이 뭐니? (여자)

'쥬마뺄', '뛰따뺄', '일싸뺄', '엘싸뺄' 쉽죠. 조금 전에 이야기했듯이 단어의 철자는 생각지 말고 반복해서 발음해보는 것이 중요합니다. '걔 이름이 뭐니?' 라고 물었으니 가르쳐 줘야지요. 그 남자의 이름이 '벵상' 이고 그 여자의 이름이 '실비' 라면 어떻게 대답하시겠습니까?

Il s'appelle comment?
[일싸뺄 꼬망?] 걔 이름 뭐니?

Il s'appelle Vincent.
[일싸뺄 벵상.] 걔 이름 벵상이야.

Elle s'appelle comment?
[엘싸뺄 꼬망?] 걔 이름 뭐니?

Elle s'appelle Sylvie.
[엘싸뺄 씰비.] 걔 이름 실비야.

그냥 간단히 '벵상.', '씰비.' 라고 이름만 대답해도 됩니다.

쎄끼? 새끼!

우리말 '걔', '쟤' 는 남성과 여성의 구분이 없죠. 프랑스어로도 남성과 여성에 대한 구별 없이 물을 수 있습니다. 발음이 조금 우스울 텐데… 발음해볼까요? '쎄끼?' 입니다. '새끼?' 라고 발음하셔도 별 차이가 없습니다. '이 새끼 누구니?' 가 아니라 그냥 '쎄끼?' 하면 '쟤 누구야?' 라는 뜻이 됩니다.

C'est qui?
[쎄끼?] 쟤 누구니?

A Self Teaching Guide

'쟤 실비야.' 라고 답하고 싶으면 '쎄 씰비.' 라고 말하면 됩니다. 묻고 답해볼까요?

C'est qui?
[쎄끼?] 쟤 누구니?

C'est Sylvie.
[쎄 씰비.] 쟤 실비야.

물론 '엘싸벨 씰비.' 라고 말해도 됩니다. 남자, 여자 관계없이 '쎄~' 로 답하는 것이 훨씬 간단하겠죠. **C'est ~** 는 영어의 **This is ~** 와 정확히 일치합니다. 그리고 **C'est qui?** 는 앞뒤를 바꾸어 **Qui est-ce?** [끼에스?]라고 표현할 수도 있습니다. 물론 대답은 똑같죠.

Qui est-ce?
[끼에스?] 누구니?

C'est Arie.
[쎄 아리.] 아리야.

007
어느 나라 사람인지 궁금하십니까?

걔 프랑스 애야.
Il est français. [일레 프랑세.]

 **Easy** It makes learning a language fun and fast.

 **Fun** It makes learning a language fun and fast.

 **Quick** It makes learning a language fun and fast.

나라를 표현할 때 필요한 형용사들을 배웁니다.
그리고 영어의 be 동사에 해당하는 프랑스어의 être 동사를 배우죠.
우리가 지금까지 배운 문장을 단번에 두 배로 만드는 법을 아시나요?
의문문으로 만들면 됩니다. ㅋㅋㅋ
프랑스어는 남성일 때와 여성일 때 조금 표현이 다릅니다.
언어에서의 성이라? 궁금하시죠?

Take the Pleasure of Learning! It makes learning a language fun and fast.

꼬레! 꼬레!

'내 이름은 아리야.' 라고 소개를 하고 상대방의 이름도 알았습니다.
예전에 파리에서 프랑스인들과 처음 만나 이야기할 때 화나는 것이 하나 있었습니다. 프랑스인들은 이름을 소개하고 나서 언제나 '너 중국인이니?' 라고 물어봅니다. 어찌 보면 프랑스인들에게 중국은 아시아의 전부인지 모르겠습니다. 신비로움이 가득한 나라, 전혀 다른 풍습과 언어, 신앙을 가진 나라. 그래서인지 애나 노인이나 할 것 없이 처음 만나면 '너 중국인이지?' 하고 묻습니다. '아니다.' 라고 답하면, 그럼 '너 일본 사람이니?' 라고 묻습니다. 조금 화가 나서 이를 살짝 갈며 '아~니이!' 라고 대답하면 그때서야 '한국인이구나!' 라고 물어줍니다. 물론 요즈음 우리나라에 대한 인식이 많이 달라졌기 때문에 곧바로 '한국인이지?' 라고 물어오는 경우도 많을 것입니다. 이제 물어오기를 기다리지 말고 먼저 능숙한 발음으로 '나 한국인이야.' 라고 말해주면 어떨까요?

프랑스어로 한국은 뭐라고 할까요?
'오! 필승 꼬레아! 오! 필승 꼬레아!' 기억하시죠? 아니, 많이 불러보셨죠.
프랑스어로 한국은 [꼬레아]보다 좀 더 간단히 Corée [꼬레]라고 발음합니다.
그리고 한국인은 [꼬레엥] 또는 [꼬레엔]으로 발음합니다. 무슨 차이냐고요?
'꼬레엥'은 한국남자, '꼬레엔' 은 한국여자를 말합니다.
그러면 이름을 이야기하고 국적까지 소개해볼까요?
(Corée [꼬레] 한국, coréen [꼬레엥] 한국남자, coréenne [꼬레엔] 한국여자)

Je m'appelle Arie. Je suis coréenne.
[쥬마뻴 아리. 쥬쒸 꼬레엔.] 내 이름은 아리야. 한국인이야.

물론 남자인 경우는 [꼬레엥]으로 발음해야지요.

Je m'appelle Ji-Sung. Je suis coréen.
[쥬마뻴 지성. 쥬쒸 꼬레엥.] 내 이름은 지성이야. 한국인이야.

이처럼 '나는 ~이다' 라는 문장을 만들 때는 '쥬쒸~'를 사용하면 됩니다. 어렵지 않죠? 그런데, '꼬레엥'과 '꼬레엔'에서처럼 프랑스어에서 남성과 여성의 차이가 우리말 발음 'ㅇ'과 'ㄴ'차이냐고요? 그렇지는 않습니다.
프랑스 남자의 경우는 [프랑세]라고 하고, 프랑스 여자는 [프랑세즈], 남성에 [즈]를 붙여 발음합니다. 벵상과 실비는 이렇게 소개하겠죠.
(français [프랑세] 프랑스남자, française [프랑세즈] 프랑스여자)

It's real, it's easy and it's practical!

Je m'appelle Vincent. Je suis français.
[쥬마뻴 벵상. 쥬쒸 프랑세.] 내 이름은 벵상이야. 프랑스인이야.

Je m'appelle Sylvie. Je suis française.
[쥬마뻴 씰비. 쥬쒸 프랑세즈.] 내 이름은 실비야. 프랑스인이야.

그러면 프랑스인들이 우리에게 국적을 물어올 때 어떻게 물을까요? '너 한국인이니? 라고 물을 때는 '뛰에 꼬레엥?' 이라고 발음합니다. 묻고 대답해볼까요?

Tu es coréen?
[뛰에 꼬레엥?] 너 한국인이니?

Oui, je suis coréen.
[위, 쥬쒸 꼬레엥.] 그래, 한국인이야.

 être 동사

이름을 말할 때는 '쥬마뻴', '뛰따뻴', '일싸뻴', '엘싸뻴' 이었죠. 국적을 말할 때는 '쥬쒸', '뛰에' 로 표현하는 것을 알았습니다.

이렇게 프랑스어에서 가장 많이 쓰이는 동사는 아마 être [에트흐] 동사일 것입니다. '~이다' 라는 뜻이죠. 영어의 be 동사와 같습니다. 이 동사가 현재의 상황을 표현할 때는 위에서처럼 je suis, tu es 로 변화됩니다. 그러면 '그는', '그녀는', '우리는' ... 등등의 모든 경우를 알아볼까요?

être ~이다
[에트흐]

je suis
[쥬쒸] 나는 ~이다

nous sommes
[누솜] 우리들은 ~이다

tu es
[뛰에] 너는 ~이다

vous êtes
[부제뜨] 너희들은 ~이다

il/elle est
[일레/엘레] 그/그녀는 ~이다

ils/elles sont
[일쏭/엘쏭] 그/그녀들은 ~이다

복수 형태는 많이 사용되지 않으니 굳이 연습하지 않아도 됩니다. 자주 쓰는 문장들을 먼저 연습하다보면 자연스럽게 익혀지거든요.

 의문문은 Est-ce que~

프랑스어에서 질문을 하는 문장을 만드는 방식은 간단합니다. 지금까지처럼 보통 사용하는 문장에다 의문부호(?)만 찍으면 되고, 발음할 때는 뒤를 살짝 올려 발음하면 됩니다.

또 다른 방법은 영어에서 **Do** 나 **Does** 를 붙이듯이 **Est-ce que** [에스끄]를 붙이면 됩니다.
'너 일본 사람이니?' 라고 '에스끄' 를 써서 물어볼까요?
(**japonais** [자뽀네] 일본남자, **japonaise** [자뽀네즈] 일본여자)

Est-ce que tu es japonais?
[에스끄 뛰에 자뽀네?] 너 일본사람이니?

Oui, je suis japonais.
[위, 쥬쒸 자뽀네.] 응, 일본사람이야.

간단하죠. 일본인도 프랑스인처럼 [에]로 끝나네요? 그럼 당연히 일본여성은 [자뽀네즈]라고 발음하겠죠? 물론입니다. 한번 발음해볼까요?

Es-tu japonaise?
[에뛰 자뽀네즈?] 너 일본인이니?

Oui, je suis japonaise.
[위, 쥬쒸 자뽀네즈.] 그래, 일본인이야.

'뛰에' 가 '에뛰' 로 바뀌었네요. 프랑스어에서 물을 때 사용하는 마지막, 또 다른 형태가 이렇게 주어와 동사의 위치를 바꾸어 묻는 것입니다.

 국적이 궁금하세요?

파리 공항에서 친지나 친구를 기다리다 보면 많은 동양인들이 단체로 관광을 하러 오고 있는 모습을 볼 수 있습니다. 그 중에는 물론 한국인과 일본인 그리고 중국인이 가장 많습니다. 그런데 묘하게도 가장 인접한 이 세 나라 사람들, 가장 얼굴이 비슷한 이 세 나라 사람들이 멀리서도 구별하기가 아주 쉽습니다.

우선 한국인들은 화려한 색을 좋아합니다.
여행을 위해 가장 많이 입는 옷이 빨간 등산용 조끼입니다. 남자, 여자 할 것 없이 빨간 모자, 빨간 바지 등 옷차림이 화려하기 때문에 멀리서도 구별이 됩니다. 일본인은 아주 조용하고 얌전히 줄을 지어 안내하는 사람 뒤를 쫓습니다. 중국인은 가장 시끄럽죠. 멀리서도 왁자지껄하는 소리가 들릴 정도입니다. 이 것은 우스갯소리로 한 것이지 결코 우리를 폄하거나 남을 깔보아서 하는 말이 아니라는 것, 다 아시죠? 그럼 '중국인이지? 라고 물어볼까요?
(chinois [쉬누아] 중국남자, chinoise [쉬누아즈] 중국여자)

Tu es chinois(e)?
[뛰에 쉬누아(즈)?] 너 중국인이지?

Oui, je suis chinois(e).
[위, 쥬쒸 쉬누아(즈).] 응, 중국인이야.

중국인은 '엥' 도 아니고 '에' 도 아니고 '우아' 로 끝납니다. 프랑스어에서도 극동의 3국은 참 다르네요. 중국여성은 어떻게 표현할까요? '쉬누아즈' 입니다. 모두 다 이렇게 다르게 변화하냐고요? 그렇지는 않습니다. 예컨대 캐나다 사람들은 '까나디엥' , '까나디엔' 으로 한국인처럼 변화하죠. 반면에 영국인은 프랑스인이나 일본인처럼 '앙글레' , '앙글레즈' 로 변화합니다.

canadien
[까나디엥] 캐나다남성

canadienne
[까나디엔] 캐나다여성

anglais
[앙글레] 영국남성

anglaise
[앙글레즈] 영국여성

'그는 ~이다' 라는 표현으로는 앞에서 보았듯이 il est [일레를 사용합니다. '걔 프랑스인이야.' 라고 말하려면 어떻게 하겠습니까? '일에 프랑세.' 라고 발음합니다. '그녀는 프랑스인입니다.' 는 '엘에 프랑세즈.' 죠.

Il est français.
[일레 프랑세.] 걔 프랑스 애야.

Elle est française.
[엘레 프랑세즈.] 그녀는 프랑스인입니다.

우리가 아는 몇몇 유명인의 이름으로 국적을 묻고 대답해볼까요?
(**américain** [아메리깽] 미국남자, **américaine** [아메리껜] 미국여자)

Gong Li est chinoise?
[공리에 쉬누아즈?] 공리 중국인이니?

Oui, elle est chinoise.
[위, 엘레 쉬누아즈.] 응, 중국인이야.

Tiger Woods est américain?
[타이거 우즈에 아메리깽?] 타이거 우즈가 미국인이니?

Oui, il est américain.
[위, 일레 아메리깽.] 응, 미국인이야.

어렵지 않은 것이니 한 걸음 더 나가 볼까요?

Yuna est japonaise?
[연아에 자뽀네즈?] 연아 일본 애니?

Non, elle est coréenne.
[농, 엘레 꼬레엔.] 아니, 한국 애야.

그렇죠. 연아는 한국여자죠. 맞지 않는 경우는 '아니야.' 라고 하면 되지 않겠습니까? 그럴 때 프랑스어로는 '농' 이라고 합니다.

008
자신의 직업을 소개해 보시죠.
난 화가야.
Je suis peintre. [쥬쒸 뼁트흐.]

Je suis peintre.
008

프랑스인들이 가장 존경하는 직업은 아마 예술가일 것입니다. 자유롭고 새로운 비전을 제시하고, 소외된 이들을 위해 투쟁하는 이들, 예술가들입니다. 그 만큼 사회에서는 예술가들에게 예외적인 대접을 해주죠. 몇 가지 직업에 대해 알아볼까요? 프랑스어 동사 중에서 가장 많이 쓰이는 동사 중의 하나가 faire 동사일 것입니다. 어떻게 쓰이는지 알아보죠.

Take the Pleasure of Learning! It makes learning a language fun and fast.

난 화가야~!

'나는 ~이다' 라는 표현은 '쥬쒸~' 를 사용했습니다.
'나는 한국인이다.' 가 '쥬쒸 꼬레엥.' 이였죠.
그러면 국적을 표현하듯이 직업 또한 표현할 수 있지 않겠습니까? '나는 기자이다.' 를 표현해볼까요? '쥬쒸 저널리스트.' 아주 비슷합니다. 하지만 발음이 조금 다르네요. 좀 더 정확히 발음하면 '쥬쒸 주흐날리스트.' 입니다.
(**journaliste** [주흐날리스뜨] 기자, **peintre** [뺑트흐] 화가, **médecin** [메드쌩] 의사, **musicien** [뮈지씨엥] 음악가, **musicienne** [뮈지씨엔] 여류음악가)

Je suis journaliste.
[쥬쒸 주흐날리스뜨] 나는 기자이다.

프랑스어에서 철자 **ou** 는 언제나 우리말 [우]로 발음됩니다.
그리고 **r** 는 [르]보다는 [흐]에 가깝게 발음된다고 앞에서 말씀드렸죠.
다시 발음해볼까요? '쥬쒸 주흐날리스트.' 훌륭합니다. 이제 직업을 의미하는 프랑스어만 알게 되면 어떤 직업이라도 표현할 수 있습니다. 화가라고요? '화가' 를 **peintre** [뺑트흐]라고 발음하니까 '쥬쒸 뺑트흐.' 라고 하면 되겠네요. 프랑스에서 예술가, 특히 화가들은 정부의 지원을 받고 있죠. 예술인들을 격려하고, 예술 사업을 장려하는 프랑스 정부의 노력을 엿볼 수 있습니다. 요즈음 우리나라 젊은이들 모두 의대를 지망하여 의사가 되고 싶어 한다고 합니다. 의술로써 사회를 위해 봉사하는 것도 아름다운 일 아닐까요? '의사' 는 **médecin** [메드쌩]으로 발음합니다. '나는 의사입니다.' 역시 프랑스어로 말해봅시다.

Je suis peintre.
[쥬쒸 뺑트흐] 나는 화가입니다.

Je suis médecin.
[쥬쒸 메드쌩] 나는 의사입니다.

국적을 표현할 때 '쥬쒸', '뛰에', '일레', '엘레'...라고 표현했듯이 직업도 마찬가지입니다. '쥬쒸 뻰트흐', '뛰에 뻰트흐', '일레 뻰트흐', '엘레 뻰트흐'... 하면 됩니다. 묻는 표현으로 바꿔서 말해볼까요?

Tu es musicien?
[뛰에 뮈지씨엥?] 너 음악가니?

Il est musicien?
[일레 뮈지씨엥?] 걔 음악가니?

Elle est musicienne?
[엘레 뮈지씨엔?] 그녀 음악가니?

국적에서처럼 직업에서도 우리말 발음상 여성은 [엥]이 아니라 [엔]으로 다르게 발음되는 것을 알았습니다. 프랑스어 철자에서는 **musicien** 에 **ne** 를 덧붙여 **musicienne** 으로 만들면 여성이 됩니다. 재미있죠? ·__·

너 뭐하니?

그런데 보통의 경우 '너 음악가니?'라고 단도직입적으로 묻는 경우보다는 '너 뭐하니?'라고 묻는 경우가 많죠. '무엇을'은 **qu'est-ce que** [께스끄]라는 표현을 사용합니다. 그래서 '너 뭐하니?'라고 물을 때는 '께스끄 뛰페?'라고 합니다.

Qu'est-ce que tu fais?
[께스끄 뛰페?] 너 뭐하니?

프랑스어로 좀 긴가요? 그러면 짧게 표현해보죠.
'뛰패 꾸아?' '께스크' 가 뒤로 가면 '꾸아' 가 됩니다. 거위 울음소리 비슷하다고요? 그렇군요! 그러면 거위 소리를 흉내내어 볼까요? '꾸아', '꾸아'

Tu fais quoi?
[뛰패 꾸아?] 너 뭐하니?

'무엇' 에 해당하는 말 **que** [끄]가 문장 뒤에 올 때는 '꾸아', 그리고 문장 앞에 올 때는 **est-ce que** 가 붙어 **qu'est-ce que** 가 됩니다. 물론 대답은 앞에서 배운 것처럼 '쥬쒸' 로 시작합니다.
(**professeur** [프로패쐬흐] 선생님, **étudiant** [에뛰디앙] 학생, **étudiante** [에뛰디앙뜨] 여학생)

Tu fais quoi?   **Je suis professeur.**
[뛰패 꾸아?] 너 뭐하니?   [쥬쒸 프로패쐬흐.] 나는 선생이야.

 걔 뭐하니?

자, '그는…', '그녀는…' 으로 확대해서 사용할 수 있겠죠?

Qu'est-ce qu'il fait?   **Il est étudiant.**
[께스낄패?] 걔 뭐하니?   [일레 에뛰디앙.] 그는 학생이야.

Elle fait quoi?   **Elle est étudiante.**
[앨패꾸아?] 그녀의 직업이 뭐니? [앨레 에뛰디앙뜨.] 그녀는 학생이야.

프랑스어에서 모음은 항상 중요하게 취급됩니다.
그래서 모음이 겹쳐 발음이 어렵게 되는 것을 극도로 피하죠.

qu'est-ce qu'il [께스낄] 할 때 **que** [끄]와 **il** [일] 사이 모음이 겹치기 때문에 **qu'il** 로 축약해서 쓰고, [낄]로 발음합니다. 그리고 여학생의 경우 우리말 발음에는 [뜨]가, 프랑스어에는 **e** 가 붙었죠? **e** 가 붙음으로 해서 발음되지 않던 마지막 자음 **t** 가 발음되기 때문에 [에뛰디엉]이 [에뛰디엉뜨]로 발음됩니다. 거의 대부분의 남성명사에 **e** 를 붙이면 여성명사가 됩니다.

faire 동사

être 동사 못지않게 많이 쓰이는 동사가 **faire** 동사입니다. 역시 단수가 주로 쓰이지만 중요한 만큼 변화를 시켜볼까요?

faire
[페흐] ~하다

je fais　　　　　　**nous faisons**
[쥬페] 나는 ~한다　　　[누프종] 우리는 ~한다

tu fais　　　　　　**vous faites**
[뛰페] 너는 ~한다　　　[부페뜨] 너희들은 ~한다

il/elle fait　　　　**ils/elles font**
[일페/엘페] 그/그녀는 ~한다　　[일퐁/엘퐁] 그들은 ~한다

셀린 디옹과 우즈

자, 이름과 국적 그리고 직업을 묻고, 대답하는 것을 모두 배웠으니 이 표현들을 모두 함께 사용하여 볼까요? 누구를 예로 들어볼까요? 셀린 디옹이 어떻습니까? 모두 아시죠? (chanteuse [샹뙤즈] 여가수)

C'est qui?
[쎄끼?] 누구니?

C'est Céline Dion.
[쎄 세린디옹.] 셀린 디옹이야.

Qu'est-ce qu'elle fait?
[께스껠페?] 직업이 뭐야?

Elle est chanteuse.
[엘레 샹뙤즈.] 가수야.

Elle est française?
[엘레 프랑세즈?] 프랑스 사람이니?

Non, elle est canadienne.
[농, 엘레 까나디엔.] 아니, 캐나다 사람이야.

하지만 실제 상황에서 매번 '누구니?', '뭐하니?', '일본사람이니?' 라고 묻지는 않습니다. '누구야?' 라고 물으면, '셀린 디옹, 캐나다 가수잖아.' 라고 한 번에 대답할 수도 있죠. 상황에 따라 다를 것입니다. 그러면 타이거 우즈를 예로 들어 말해볼까요? (joueur de golf [주에흐 드 골프] 골프선수)

C'est qui?
[쎄끼?] 누구니?

C'est Tiger Woods.
[쎄 타이거 우즈] 타이거 우즈야.

Il est joueur de golf.
[일레 주에흐 드 골프] 골프선수지.

Il est américain.
[일레 아메리켕.] 미국사람이야.

자, 이제 처음 만나는 프랑스 사람이나 외국 사람과 프랑스어로 말을 할 때 너무 떨지 않겠죠. 가장 기본적인 것을 묻고 대답할 수 있잖아요?

 ## 키 작은 아이와 피아노

이런 얘기가 있습니다.
이미 4명의 친 자녀가 있는 프랑스 어느 가정에서 보통 아이보다 키가 훨씬 작은 여자 아이를 입양했습니다. (아이가 없어서 입양하는 경우와는 다른 상황이죠.) 아이는 아주 밝게, 자신의 신체적 조건에 전혀 개의치 않고 자랐습니다. 어느 날, 기자가 어머니에게 물었습니다. '아이가 피아노를 치고 싶다고 하면 어떻게 하시겠습니까?' 교사인 어머니는 대답했습니다. '딸아이에게 다리가 짧아서 피아노를 칠 수 없다고 사실대로 이야기할 것입니다. 하지만 키가 작기 때문에 하늘이 더 높아 보일 것이라고 말해 줄 것입니다.' 어떠세요? 엄마의 마음씨가 정말 아름답지 않나요?

 Easy
It makes learning
a language fun and fast.

 **Fun**
It makes learning
a language fun and fast.

 Quick
It makes learning
a language fun and fast.

J'habite à Paris.
009

009
사는 곳을 말할 때
난 파리에 살아.
J'habite à Paris. [자비뜨 아빠리.]

대화 중에 사는 곳에 대한 질문은 꽤 중요하죠. 서로 방문할 수도 있고, 약속 장소를 정할 때 배려할 수도 있으니까요. 어디 사는지 묻고 대답하는 표현에 대해 알아볼까요? 프랑스어 동사 중에서 가장 쉬운 변화를 하는 **habiter** 동사를 배웁니다. 고향을 묻는 표현은 어떨까요? 프랑스 사람들도 친구들의 고향을 궁금해 하니까요.

Fun
It makes learning
a language fun and fast.

파리에 살아!

한국을 프랑스어로 '꼬레' 라고 발음합니다. 서울은 어떻게 발음할까요? 프랑스어로 서울은 **Séoul** [세울]입니다. 런던은 [롱드흐], 페이찡은 [빼껑]으로 발음하고요. 그러고 보면 우리말의 탁월함을 알 수 있습니다. 프랑스어에서 몇 가지 발음 말고는 모두 발음이 되는대로 표기할 수 있지 않습니까? 다음 문장을 따라 발음해보시죠. '쥬쒸 꼬레엥 자비뜨 아세울.' 다른 문장을 예로 들어볼까요? '쥬쒸 프랑세 자비뜨 아빠리.' 무슨 말인 것 같습니까? '자비뜨' 라? 다음에 '세울' 이나 '빠리' 처럼 지명이 나왔군요? 좀 더 친숙한 예문으로 바꿔볼까요? '자비트 아일산.' '자비뜨 아강남.' '자비뜨 아분당.' 아! 아시겠죠. 예, '자비뜨~' 란 '~에 살다' 라는 뜻입니다. '나는 영국인이고 런던에 살아.' 라고 말해볼까요? '쥬쒸 앙글레 자비뜨 아롱드흐.' 가 되겠죠?
(**habiter** [아비떼] ~에 살다)

J'habite à Séoul.
[자비뜨 아세울.] 나 서울에 살아.

J'habite à Paris.
[자비뜨 아빠리.] 나 파리에 살아.

J'habite à Londres.
[자비뜨 아롱드흐.] 나 런던에 살아.

Easy
It makes learning
a language fun and fast.

Fun
It makes learning
a language fun and fast.

Quick
It makes learning
a language fun and fast.

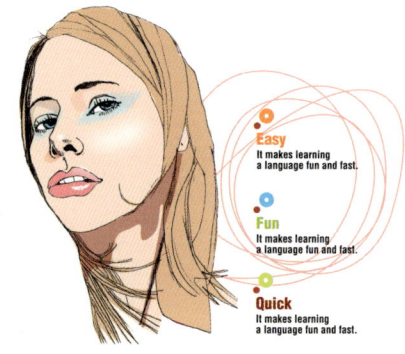

'어떻게', '누구', '무엇을' 을 배웠죠.
이제 '어디에' 라는 표현을 배워볼까요?
'너 어디에 사니? 라고 물을 때
'어디에' 라는 말은 où [우]입니다.
그러니까 '너 어디 사니? 하고 물으려면
'뛰아비뜨 우? 라고 하면 됩니다.
J'habite [자비뜨] 할 때는 프랑스어에서 h 가 소리가 나지 않기 때문에 모음이 부딪히는 것을 피하기 위해 줄인 것입니다. tu 에서 u 도 모음이 아니냐고요? 그런데 u 가 소리 날 때는 우리말 [위]인데, 프랑스어로는 자음과 모음의 중간 음으로 취급됩니다. 그래서 줄이지 않고 '뛰아비뜨' 로 발음하죠. 프랑스 친구에게 한번 물어볼까요?
(où [우] 어디)

Tu habites où?
[뛰아비뜨 우?] 너 어디 사니?

J'habite à Paris.
[자비뜨 아빠리.] 파리에 살아.

도시 이름 앞에는 장소 앞에 붙이는 말 '~에' 라는 뜻의 à [아]를 붙여줍니다.
'개' 나 '그녀' 로 확대시켜 연습해볼까요?

Il habite où?
[일라비뜨 우?] 그는 어디 사니?

Il habite à Ilsan.
[일라비뜨 아일산.] 일산 살아.

Elle habite où?
[엘라비뜨 우?] 그 여자 어디 사니?

Elle habite à Gangnam.
[엘라비뜨 아강남.] 강남 살아.

 ## habiter 동사

프랑스어 동사 중에서 거의 대부분의 동사는 **habiter** 동사처럼 어미가 **-er** 로 끝납니다. 그리고 이들 동사는 **habiter** 동사와 똑같이 변화합니다. 알아볼까요?

habiter
[아비떼] ~에 살다

j'habite
[자비뜨] 나는 ~에 산다

tu habites
[뛰아비뜨] 너는 ~에 산다

il/elle habite
[일/엘아비뜨] 그/그녀는 ~에 산다

nous habitons
[누자비똥] 우리는 ~에 산다

vous habitez
[부자비떼] 너희들은 ~에 산다

ils/elles habitent
[일/엘자비뜨] 그들은 ~에 산다

 ## 서울에서 왔어요!

파리 여행 중이라면 '나 서울에 살아.' 라고 말할 수 있지만, 화가로서 파리에 체류 중인 경우에는 조금 다릅니다. 그럴 경우에는 '나 한국인이야. 서울에서 왔어.' 라고 말해야겠죠. '서울 출신이야.' 또는 '서울에서 왔어.' 라는 표현은 '쥬쒸 드세울.' 입니다. 어렵지 않죠.

Je suis de Séoul.
[쥬쒸 드세울.] 서울에서 왔어.

파리에서 프랑스 사람과 인사를 나눴는데, '중국인이냐고 물었다면' 깔끔하게 대답할 수 있겠죠?

Tu es chinoise?
[뛰에 쉬누아즈?] 너 중국인이니?

Non, je suis coréenne.
[농, 쥬쒸 꼬레엔] 아니, 나 한국인이야.

Je suis de Séoul.
[쥬쒸 드 세울.] 서울에서 왔어.

파리에서 프랑스 친구에게 독일에서 온 듯한 친구에 대해 묻습니다.
(allemande [알르망드] 독일여성)

Qui est-ce?
[끼에스?] 쟤 누구니?

C'est Mel B.
[쎄 멜비.] 쟤 멜 비야.

Elle est allemande?
[엘레 알르망드?] 쟤 독일 애니?

Non, elle est anglaise.
Elle est de Londres.
[농, 엘레 앙글레즈. 엘레 드롱드흐] 아니, 걔 영국아이야. 걔는 런던 출신이지.

 어디서 왔슈?

자 그럼, '너 어디서 왔니?'
'어디 출신이야?' 또는 '걔 어디서 왔어?',
'그 여자 아이 어디 출신이니? 라고 물어볼 수 있겠죠.

Tu es d'où?
[뛰에 두?] 너 어디 출신이야?

Je suis de Paris.
[쥬쒸 드빠리.] 파리에서 왔어.

Il est d'où?
[일에 두?] 걔 어디서 왔어?

Il est de Marseille.
[일레 드마흐세이으.] 걔는 마르세유에서 왔어.

Elle est d'où?
[엘레 두?] 그 여자애 어디서 왔니?

Elle est de Berlin.
[엘레 드베흘렝.] 걔는 베를린에서 왔어.

어디 출신이라고 할 때 반드시 도시이름만이 들어가는 것은 아니죠. 나라이름도 들어갈 수 있습니다. 그리고 **de** 와 **où** 사이에서 모음이 부딪히기 때문에 **d'où** 로 줄여서 쓴 것입니다. **de** 는 영어의 **from** 의 의미로 쓰인 것이죠.

아멜리에의 파리

프랑스에도 역사적으로 유서 깊은 많은 도시들이 있죠. 우리나라 부산 같은 항구도시 마르세유, 대구에 해당하는 리옹, 스트라스부흐 등. 하지만 그래도 언제나 파리가 프랑스의 대명사라고 할 수 있겠죠. 영화 속의 파리는 어떤 곳일까요? 임상수 감독의 '처녀들의 저녁식사'에서 강수연 씨가 역을 맡은 간통죄로 피소 당한 호정은 파리로 유학을 떠나려합니다. 아랫도리를 감시하는 이 땅을 피해 정치적 망명(?)을 기도하는 것이죠.

독일 빔 벤더스 감독의 '파리 텍사스', 보셨습니까? 이 영화에서 파리는 유럽의 파리가 아니라 텍사스 주 안에 있는 조그만 마을 파리입니다. 미국인들의 삶처럼 황량한 텍사스 주 안에서 파리는 유럽의 파리처럼 평온한 가정이 있고 사랑이 있고 뿌리가 있는 곳으로 묘사됩니다. '파리에서의 마지막 탱고'나 '파리 프랑스'에서 파리는 좀 더 원초적인 사랑, 또는 금지된 사랑이 가능한 공간으로 묘사됩니다. 이렇듯 파리는 외국인들에게 이상적인 도시, 자유를 만끽할 수 있는 도시, 감각적인 사랑의 도시로 그려집니다.

프랑스인들에게 파리는 영화 속에서 어떻게 표현될까요? '연민이 없는 세상'에서 밤의 파리는 에펠탑과 더불어 시적인 공간으로 묘사됩니다. 파리는 또한 '퐁네프의 연인들'에서 공사 중인 퐁네프처럼 소통이, 대화가 불가능한 곳이고, '아멜리에'에 나오는 주인공들처럼 소외된 사람들이 살아가는 곳이죠. 하지만 아멜리에가 그렇게 하듯이 그림, 비디오, 사진, 편지와 같은 예술적 수단을 통해 소외를 극복해 가는 도시이기도 합니다.

Take the Pleasure of Learning!
It makes learning a language fun and fast.

010
인맥이 궁금하다!
내 남친이야.
C'est mon copain. [쎄 몽꼬뺑.]

내 주변 사람들, 인맥이라고 하나요?
어린 딸아이가 인맥이란 말을 쓰기에 놀랐습니다.
어떻게 그 말을 아냐고 물었더니 싸이월드에서 모두 쓴다나요. 일촌 맺기…
이번 과에서는 소유한정사를 배웁니다.
나뿐만 아니라 상대의 인맥,
그리고 그나 그녀의 인맥을 표현할 수 있습니다.

Take the Pleasure of Learning! It makes learning a language fun and fast.

몽셀통통

지금까지 배운 프랑스어 범위 내에서 간단한 문장을 만들어봅시다. '끼 에스?', '누구야?' 라는 뜻이죠. 아는 단어를 사용해 대답해볼까요. '쎄 모나미.' 엥? '모나미' 라고? 누구냐고 묻는데 볼펜 이름을 대면 어떻게 해용~! 아니지요. '모나미' 가 친구라는 뜻을 담고 있는 것을 아마 아실 것입니다. 좀 더 정확히 말하면 '나의 (남자)친구' 라는 뜻입니다.
(**ami** [아미] 남자친구)

Qui est-ce?
[끼에스?] 누구니?

C'est mon ami.
[쎄 모나미.] 내 남친이야.

'나의' 라는 말은 [몽]으로 발음합니다. 앞에서 배웠듯이 **on** 은 콧소리를 담고 있죠. 뒤에 모음이 오기 때문에 연음을 하느라 콧소리가 반쯤 줄어든 것입니다. [몽아미]가 아니라 [모나미]로 들리는 이유는 그래서입니다. 그런데 '친구' 라는 뜻의 '아미' 라는 단어는 대화할 때 많이 사용되지 않습니다. 우리말에 '벗' 이라는 말이 대화에서보다는 글을 쓸 때 사용되듯이 '아미' 라는 말은 고전적인 시나 소설 등에서 볼 수 있습니다. 특히 프랑스 젊은이들이 친구를 말할 때는 '몽꼬뺑' 이라는 말을 사용합니다. 다시 묻고 대답해볼까요?
(**copain** [꼬뺑] 남자친구, **copine** [꼬삔] 여자친구, **cher** [셰흐] 소중한, **tonton** [똥똥] 삼촌)

Qui est-ce?
[끼에스?] 누구니?

C'est mon copain.
[쎄 몽꼬뺑] 내 친구야.

프랑스어에서 **ai** 는 개음 [에]로 발음되고 뒤에 **n** 이 붙었으니 콧소리 [엥~], 그래서 [꼬뺑]으로 발음이 됩니다. 혹시 '몽셸통통' [몽셰흐똥똥]이란 말을 들어 보셨나요? '똥똥' 은 아이들이 삼촌이나 아빠 친구들을 친근하게 부를 때 쓰는 말입니다. '셰흐' 는 '소중한', '사랑하는' 이란 의미를 가지고 있죠. 어린아이가 자라 어른이 되어서 그리운 삼촌에게 편지를 쓸 때 어린 시절의 정을 가득 담아 사용할 수 있는 말입니다. 물론 눈앞에 있는 삼촌이나 아빠의 친구를 그렇게 부를 수도 있죠.

mon cher tonton
[몽 셰흐 똥똥] 나의 사랑하는 아저씨

나의 사랑 나의 신부

이제 '몽' 이 어떠한 의미로 쓰이는지 아시겠죠.
그러면 여자친구는 어떻게 말할까요?
이제까지 보면 남자를 말하는 경우와 여자를 말하는 경우가 프랑스어에서 조금씩 달랐죠? 먼저 알고 있는 말을 통해 이해를 해보겠습니다.

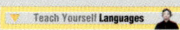

'마담' 이라는 단어 아시죠. 원래는 **ma dame** 에서 시작되었고, 존칭의 의미를 담아 여성을 부를 때 '나의' 라는 뜻의 **ma** [마를 붙여 사용합니다. 워낙 많이 쓰이다보니 지금은 하나의 단어가 되어 **madame** 으로 쓰입니다. 프랑스 사람들은 처음 만나는 여성의 경우 젊은 처녀일지라도 '마담' 이라고 부릅니다. 상대에 대한 존경의 의미를 담아 그렇게 부르는 것입니다. 젊은 여성들이 자신이 나이 먹어 보여 그렇게 부르나 하고 오해할 수 있겠죠. 결코 아닙니다. 그리고 젊은 여성을 부를 때 '마드무아젤' 이라고 하는데 본래는 **ma demoiselle** 에서 시작된 것입니다. 지금은 언제나 붙여서 **mademoiselle** 이라고 부르죠. 이때 역시 **ma** [마에는 존경의 의미가 담겨있습니다.

자, 이제 '나의' 라는 뜻으로 남성을 나타내는 말 앞에서는 '몽' , 여성을 나타내는 말 앞에서는 '마' 가 쓰임을 알았습니다. 그러니까 '내 여자친구' 는 '마 꼬뻰' 이 되고 '내 여자친구야.' 라고 말하려면 '쎄 마꼬뻰.' 이라고 하면 됩니다. 물론 꼭 젊은 사람들만 이렇게 말하는 것은 아닙니다. 한번 여자친구를 소개해볼까요?

Qui est-ce?
[끼에스?] 걔 누구니?

C'est ma copine.
[쎄 마꼬뻰.] 걔 내 여자친구야.

Elle est peintre.
[엘레 뼁트호.] 걔는 화가야.

여러분 혹시 보들레르라는 유명한 시인 아시나요?
'악의 꽃' 이라는 유명한 시집을 내었고, 그 안에 실린 '여행에의 초대' 라는 시는 '모낭팡 마쐬흐' 로 시작됩니다. 사랑하는 연인을 동양의 평화로운 나라로 초대하는 시입니다. 이때 **mon enfant** [모낭팡], **ma soeur** [마쐬흐]는 각기 '나의 여인', '나의 누이' 라는 뜻입니다. 박중훈 씨와 최진실 씨가 주연한 '나의 사랑 나의 신부' 와 비슷하죠?

너의 아빠는 똥빼(흐)

그런데 '나의' 라는 표현만 쓰이는 것은 아니죠. 우리말로도 '네 남자친구니?' 라고 물어올 수가 있겠죠. 프랑스어로 '네 남자친구니? 라고 물어볼까요?

C'est ton copain?
[쎄 똥꼬뺑?] 걔 니 남친이니?

Oui, c'est mon copain. Il est étudiant.
[위, 쎄 몽꼬뺑. 일레 에뛰디앙.] 응, 걔가 내 남자친구야. 걔 학생이야.

그러면 이번엔 아빠를 소개해볼까요?
(**père** [뻬흐] 아빠, **mère** [메흐] 엄마, **pharmacienne** [파흐마시엔] 약사, **directeur** [디렉뙤흐] 부장, **méchant** [메샹] 악독한)

C'est ton père?
[쎄 똥뻬흐?] 이분이 네 아빠시니?

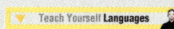

Oui, c'est mon père. Il est professeur.
[위, 쎄 몽뻬흐. 일레 프로페쐬흐.] 응, 이분이 내 아빠야. 선생님이셔.

'뽕뻬(흐)', '몽뻬(흐)' 흐흐... 발음이 조금 이상하죠. 하지만 기억하기는 쉬울 것입니다. '울 아빠 선생님이야.' 라고 말하고 싶으면 '몽뻬흐' 가 먼저 나와야겠죠. '몽뻬흐에 프로페쐬흐.' 입니다. 쉽죠. 엄마의 경우를 연습해볼까요? mon 이 ton 이 되었으니 ma 는 ta 가 되겠죠.

C'est ta mère?
[쎄 따메흐?] 이분이 네 엄마시니?

Oui, c'est ma mère. Elle est pharmacienne.
[위, 쎄 마메흐. 엘레 파흐마시엔.] 응, 이분이 내 엄마야. 약사이셔.

뭔가 규칙성이 있어 보이죠. '걔(그 또는 그녀)' 의 경우를 연습해볼까요? 직장인들이 가장 싫어하는 단어가 뭐죠? 부장님? 사장님? 한번 연습해보죠.

C'est son directeur?
[쎄 쏭디헥뙤흐?] 그 사람이 걔네 부장이니?

Oui, c'est son directeur. Il est méchant.
[위, 쎄 쏭디헥뙤흐. 일레 메샹.] 응, 그 사람이 걔네 부장이래. 그 사람 성질 더럽데.

동거와 경제

물론 걔 여친의 경우는 '싸'를 쓰겠죠.

C'est sa copine?
[쎄 싸꼬뻰?] 쟤가 걔 여친이니?

Oui, c'est sa copine. Elle est chanteuse.
[위, 쎄 싸꼬뻰. 엘레 샹뙤즈.] 응, 쟤가 걔 여친이야. 쟤는 가수야.

여러분, 여친(남친)이 있으세요? 프랑스 젊은이들은 일찍부터 동거생활에 들어갑니다. 부모님으로부터 독립적인 생활을 하기 위해서 가출(?)을 하죠. 혼자 살면 생활비 등 경제적인 부담이 크니 대부분 이성 친구와 함께 산답니다. 물론 젊은이들 스스로가 부모로부터의 경제적인 지원을 거절하는 경우가 많고 부모님들도 도와줄 생각을 하지 않습니다. 정신적, 신체적 독립을 하기 위해서는 경제적인 독립이 우선해야 하니까요. 어떠십니까? 남친과 또는 여친과 같이 있고 싶은데, 돈은 부모님이 계속 대주셨으면 좋겠죠? 아파트도 얻어주셨으면 하나요?

표로 보는 소유한정사

소유주	남성단수 명사 앞	여성단수 명사 앞	남성 여성 복수 명사 앞
소유주 1인칭	mon	ma	mes
소유주 2인칭	ton	ta	tes
소유주 3인칭	son	sa	ses

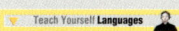

형용사로 사람의 감정과 특징을 표현합니다.

걘 날씬해.
Elle est mince. [엘레 멩스.]

TPL ^L^ Take the Pleasure of Learning!
It makes learning a language fun and fast.

 Easy
It makes learning
a language fun and fast.

 Fun
It makes learning
a language fun and fast.

 Quick
It makes learning
a language fun and fast.

Take the Pleasure of Learning! It makes learning a language fun and fast.

99 | Teach Yourself Languages

Elle est mince.

자신의 감정을 표현하는 형용사, 사람들의 특징을 나타내는 형용사를 배웁니다.
앞에서 의문문으로 우리가 아는 프랑스어 문장을 단번에 두 배로 늘릴 수 있다고 했죠?
이번에 다시 두 배로 늘릴 수 있는 기회입니다.
모든 문장 동사의 앞뒤에 ne~pas 를 붙이면 부정문이 됩니다.
우리가 아는 문장들부터 부정문으로 만들어볼까요?

떼보?, 때보?

'비밀' 이란 제목의 일본영화를 보면 아내가 사랑의 제스처로 출근하는 남편의 턱 아랫부분을 간질이는 장면이 나옵니다. 아주 인상적이죠. 사랑을 표현하는 동작과 언어는 언제나 아름답습니다. '떼보!', '떼보!', '떼보!' 프랑스 보육원에 들어서면 아이들이 찾아온 아빠들을 보고 소리칩니다. 기분이 좋아서 하는 소리지요. 어른들이 자신들을 귀여워하며 '예쁘다' 라는 의미로 한 소리를 어른들에게 반복하는 것이지요. '떼보!' 어렸을 때 목욕탕이 없어 겨울이면 손과 발에 때가 덕지덕지 했죠. 그 중에서도 제일 때가 많은 애를 '때보' 라고 놀린 적이 있습니다. 프랑스어 '떼보' 를 바르게 발음한다면 '뛰에 보' 라고 해야 합니다. 앞에서 한 번 말했듯이 축약하면 안 되는 곳인데 보통 축약해서 씁니다. 언어는 항상 더욱 간편해지려는 경향이 있지요. 여성에게 '예쁘다' 또는 '아름답다' 라고 표현할 때는 '떼벨' 이라는 표현을 씁니다. 요즘 아이들은 '얼짱' 이라고 하는데, 이쯤 되면 우리말이 더 어려워지나요?
(**beau** [보] 예쁜, **belle** [벨] 아름다운, **content(e)** [꽁땅(뜨)] 만족스런)

T'es beau.
[떼보.] 너 예쁘다. (또는 잘생겼다.)

T'es belle.
[떼벨.] 너 얼짱이야.

'그' 나 '그녀' 의 경우를 응용해서 말할 수 있겠죠. 앞에서 '쥬쒸~', '뛰에~', '일레~', '엘레~' 를 무수히 반복했으니까요.

Il est beau.
[일레 보.] 그는 잘생겼어.

Elle est belle.
[엘레 벨.] 그녀는 얼짱이야.

'나는 만족한다.' 라는 표현을 프랑스어로 말해볼까요? '쥬쒸 꽁땅.' 입니다. 물론 내가 여성인 경우에는 '쥬쒸 꽁땅뜨.' 라고 발음하죠. 함께 발음해볼까요?

Je suis content.
[쥬쒸 꽁땅.] 나는 만족해.

Je suis contente.
[쥬쒸 꽁땅뜨.] 나는 만족해.

이런 형태의 문장들, 자신의 감정 상태나 사람들의 모습을 표현하는 말은 일상 언어에서 많이 쓰이죠. '나 화났어.', '걘 애가 아주 상냥해.' 라는 표현이라든가, '걘 성질이 못됐어.', '걘 참 날씬해.' 등의 표현을 알아볼까요?
(fâché [파쉐] 성난, gentil(le) [장띠] 상냥한, mince [멩스] 날씬한)

Je suis fâché.
[쥬쒸 파쉐.] 나 화났어.

Il est très gentil.
[일레 트레 장띠.] 걘 아주 상냥해.

Il est méchant.
[일레 메샹.] 걘 못됐어.

Elle est mince.
[엘레 멩스.] 걘 참 날씬해.

걔 어떠니?

그러면 반대로 '걔 어떠니?'라고 물으려면 어떻게 표현하면 되겠습니까? '어떠니', '어떻게', 앞에서 배운 표현이죠. '꼬망 싸바?', '뛰따뺄 꼬망?'에서 사용했습니다. 그러니 '걔 어떠니?'를 프랑스어로 발음하면, '일레 꼬망?' 또는 '엘레 꼬망?'이 됩니다. 물론 대답은 상황에 따라 그 사람의 성격이나 외모 등으로 대답할 수 있습니다.

(**grand** [그랑] 키가 큰, **sympa** [쌩빠] 호감이 가는, **aussi** [오씨] 또한)

Il est comment?
[일레 꼬망?] 걔 어떠니?

Il est grand et beau.
[일레 그랑 에 보.] 걔 키도 크고 잘생겼어.

Il est sympa aussi.
[일레 쌩빠 오씨.] 게다가 그 아인 호감이 가.

Elle est comment?
[엘레 꼬망?] 걘 어떠니?

Elle est belle et mince.
[엘레 벨 에 멩스.] 걘 얼짱인데다 날씬해.

Elle est gentille aussi.
[엘레 장띠 오씨.] 걘 게다가 상냥해.

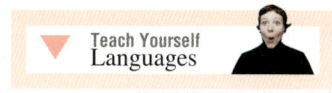

물론 '꼬망'을 앞에다 놓을 수도 있습니다.

Comment est-elle?
[꼬망 에뗄?] 걔 어떠니?

Comment est ton copain?
[꼬망 에 똥꼬뺑?] 네 남친 어때?

부정문은 ne ~ pas 로!

우리가 배운 문장들을 단숨에 두 배로 늘려볼까요? 부정으로 말할 줄 알면 우리의 프랑스어 능력은 금세 두 배로 늘어납니다. 프랑스어에서 말을 부정으로 표현하는 것은 아주 쉽습니다. 동작이나 상태를 나타내는 말(동사라고 하죠)의 앞뒤에 ne 와 pas 를 붙이면 됩니다.
(**moche** [모쉬] 못생긴)

Comment est ton directeur?
[꼬망 에 똥디렉뙤흐?] 너희 부장 어떠니?

Il n'est pas gentil.
[일네빠 장띠.] 그 사람 친절하지 않아.

Il est méchant.
[일레 메썅.] 그 사람 성질 더러워.

Comment est Christine?
[꼬망 에 크리스띤?] 크리스틴 걘 어떠니?

Elle n'est pas belle.
[엘네빠 벨.] 걘 예쁘지 않아.

Elle est moche.
[엘레 모쉬.] 걔 못생겼어.

물론 앞에서 배운 인사나, 국적, 직업, 관계와 관련된 문장들도 필요한 경우에 전부 부정으로 표현할 수 있습니다. 국적, 직업과 관련된 문장을 부정으로 표현해볼까요?

(**agent de voyage** [아장 드 봐이아쥬] 여행사 직원)

Tu n'es pas chinoise?
[뛰네빠 쉬누아즈?] 너 중국인 아니니?

Non, je suis coréenne.
[농, 쥬쒸 꼬레엔.] 아니, 나는 한국 사람이야.

Tu es journaliste?
[뛰에 주호날리스뜨?] 너 기자니?

Non, je ne suis pas journaliste.
[농, 쥬느쒸빠 주호날리스뜨.] 아니, 나는 기자가 아니야.

Je suis agent de voyage.
[쮸쒸 아장 드 봐이아쥬.] 나는 여행사 직원이야.

It's real, it's easy and it's practical!

당신은 한 떨기 꽃입니다!

앞에서 이야기한 오스트리아 신학대학 학생과 프랑스어를 모르는 독일 여성과 함께 영국 재즈 그룹의 연주회에 간 적이 있습니다. 오스트리아 친구가 독일여성을 연주회에 초대한 것이었죠. 그녀가 프랑스어를 알지 못하고 나도 독일어는 동사변화 밖에 모르기 때문에 직접적인 의사소통이 불가능한 상황이었습니다. 하지만 오스트리아 친구가 소개해주자마자 내가 아는 거의 유일한 독일어 문장으로 인사했습니다. '두 비스트 아이네 불루머.' '당신은 한 떨기 꽃입니다.' 라는 뜻이죠.

대학교에 다닐 때 고등학교에서 독일어를 배우던 여동생이 독일어를 배운 여자 친구 만나면 꼭 해주라고 해서 외워두었던 문장이었습니다. '두 비스트 아이네 블루머.' 그 순간 독일 여성은 기뻐서 웃기 시작했습니다. 고맙다는 말과 함께. 연주회에 들어설 때까지 줄곧, 그리고 연주회 감상을 마치고 나와서 헤어지는 순간까지 그 여인의 입가에서는 웃음이 가시지 않았습니다. 내가 오히려 멋쩍어할 만큼. 하지만 왜 사람을 이렇게 행복하게 만드는 문장을 아낄 것인가라는 생각과 함께, 이탈리아어도 배웠죠. '뚜 세이 우너 피오레.' 그리고 이탈리아 여성을 만나면 꼭 말해주었습니다. 여성들은 농담으로 그러는 줄 알면서도 활짝 웃으며 좋아했습니다. 프랑스어로 한번 여자친구에게, 또는 아내에게 말씀해보시겠습니까? '뛰에 윈 플뢰흐.' 라고 말입니다.

(**fleur** [플뢰흐] 꽃)

Tu es une fleur.

[뛰에 윈 플뢰흐]   너는 한 떨기 꽃이야.

Qu'est-ce que c'est?

012
사물에 대해 묻고 대답합니다.

뭐니?
Qu'est-ce que c'est?
[께스끄 쎄?]

프랑스어에 성이 있다고 말씀드렸죠?
모든 명사는 남성 또는 여성의 성을 지닙니다.
그에 따라 명사 앞의 관사도 변화합니다.
부정관사는 남성 단수명사 앞에 un,
여성 단수명사 앞에 une,
남성·여성 복수명사 앞에는 des 를 사용합니다.
관사와 명사를 짝지어 볼까요?
형용사는 어떻게 변화하는지 함께 알아보겠습니다.

명사 앞엔 '엥'을?

앞에서 '께스끄' 라는 표현을 배웠죠.
'걔 직업이 뭐야?' 라고 물을 때 '께스낄 페?' 또는 '일페 꾸아?' 라고 발음했습니다. 그리고 '쎄...' 라는 표현 역시 이미 공부했습니다. '아리야.' 하고 소개할 때 '쎄 아리.' 라는 문장을 사용하죠. 자, 그럼 '께스끄' 와 '쎄' 두 가지를 엮어 볼까요? '께스끄 쎄?' '이게 뭐야?' 라는 의미입니다. '끼에스?' 또는 '쎄끼?' 가 사람을 물을 때 사용한다면 '께스끄 쎄?' 는 사물을 물을 때 사용하죠. 생일입니다. 친구가 예쁘게 포장된 작은 상자를 내밉니다. 물어봐야겠죠?

(cadeau [까도] 선물, montre [몽트흐] 시계)

Qu'est-ce que c'est?
[께스끄 쎄?] 이게 뭐야?

C'est un cadeau.
[쎄뗑 까도.] 이거 선물이야.

C'est une montre.
[쎄뛴 몽트흐.] 이거 시계야.

'께스끄 쎄?' 로 물었으니 '쎄~' 로 대답하는 것이 당연하겠죠.
영어의 **This is ~**의 의미라고 앞에서 말씀드렸습니다.
그런데 '선물' 이나 '시계' 라는 말 앞에 **un** 또는 **une** 가 붙었군요. 우리말에는 없는 것이지만 영어에서 우리가 배웠기 때문에 쉽게 이해할 수 있을 것입니다. 부정관사죠.

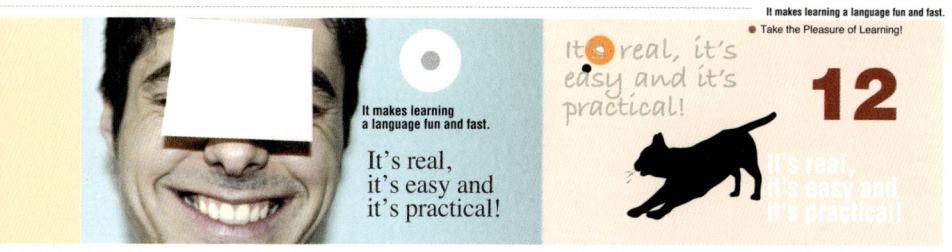

그리고 **c'est** [쎄]에서 발음되지 않던 **t** 가 다음에 오는 '앵' 이나 '윈' 과 연음되어 [쎄뗑] 또는 [쎄뛴]으로 발음된 것입니다. 몇 개의 프랑스 단어가 쓰였지만 하나의 단어처럼 이어 발음하는 것이 좋죠. 계속해서 부정관사의 사용을 알아보기 위해 다른 예를 들어볼까요?
(**voiture** [봐뛰흐] 차, **sac** [싹] 어깨에 메는 가방, **pantalon** [빵딸롱] 바지)

Qu'est-ce que c'est?
[께스끄 쎄?] 이게 뭐야?

C'est une voiture.
[쎄뛴 봐뛰흐.] 이거 차야.

C'est une fleur.
[쎄뛴 플뢰흐.] 이거 꽃이야.

C'est un sac.
[쎄뗑 싹.] 이거 어깨에 메는 가방이야.

C'est un pantalon.
[쎄뗑 빵딸롱.] 이거 바지야.

이상하죠. 어떤 말 앞에서는 **un** 이 붙고 어떤 말 앞에서는 **une** 가 붙었습니다. 영어의 **a** 나 **an** 의 차이가 아니랍니다. 우리말에도 없고 영어에도 없죠. 프랑스어에는 모든 명사에 남성 또는 여성의 성을 부여한답니다. 그래서 남성명사 앞에는 **un** 이라는 관사를, 여성명사 앞에는 **une** 라는 관사를 사용하죠. 물론 단수일 때입니다.

복수로 표시할 때는 남성명사이든 여성명사이든 관사 **des** 를 사용합니다. 복수의 경우를 예로 들어볼까요? 혹시 거위 소리 냈던 것 기억하십니까? '께스낄 빼?' 대신에 '일뻬 꾸아?' 를 사용하여 직업을 물어보았죠. '께스끄 쎄?' , 대신에 '쎄 꾸아?' 를 사용할 수 있습니다. 같은 표현이면서 훨씬 간단한 '쎄 꾸아?' 를 사용해보죠.

(**disquette** [디스껫뜨] 디스켓, **livre** [리브흐] 책)

C'est quoi?
[쎄 꾸아?] 이거 뭐니?

Ce sont des disquettes.
[스쏭 데 디스껫뜨.] 이거 디스켓이야.

Ce sont des livres.
[스쏭 데 리브흐.] 이거 책이야.

약간 변화가 있죠? 똑같이 '뭐니?' 라고 물었지만 복수인 경우에는 '스쏭~' 으로 대답합니다. 물론 명사에는 **s** 를 붙여 복수임을 표시하고, 관사는 복수 형태인 **des** 를 사용합니다.

프랑스어엔 성이 있다고요?

우습죠? 말에 성이 있다니? 물론 말(馬)에는 성이 있죠.

우리말로 암말 또는 수놈 하니까요. 그런데 말(言)에 성이 있단 소리는 들어보지 못하셨죠? 프랑스의 유명한 영화감독 프랑수아 트뤼포의 '쥘과 짐' 이란 영화를 보면 인간의 성 구별이 얼마나 자의적인지 말하기 위해 언어가 갖는 성에 대해 열거하는 장면이 있습니다. '여자는 수다스러워.', '여자는 단지 섹스의 대상일 뿐이야.', '여자는 애나 키우고 밥이나 지어야 해.' 라는 성에 대한 편견이 남성의 성적 이데올로기에 의해 만들어졌음을 명확히 보여주기 위해 프랑스어와 독일어 명사의 성을 나열하며 언어가 갖는 자의성을 보여줍니다.

독일어에서 '전쟁' 과 '죽음', '달' 은 남성이고 '태양' 은 여성입니다. 그리고 '인생' 은 중성이죠. 프랑스어에 중성은 없습니다. 하지만 '태양' 은 남성이고, '전쟁' 과 '죽음', '달' 은 여성이고, '인생' 역시 여성입니다. '태양' 이 남성이고 '달' 이 여성이라는 면에서 프랑스어가 상당히 설득력이 있습니다. 하지만 '전쟁' 과 '죽음' 이 여성이라고 하기에는 약간의 무리가 있어 보이죠. '인생' 이 중성이라는 독일어의 성구별은 참 시사하는 바가 큽니다. 나라마다 말의 성이 다른 것뿐만 아니라 나라마다 인간의 성에 대한 차별 역시 다르지 않은가요? 성을 가지고 있는 말, 재미있죠. 사실 앞에서부터 조금씩 사용해왔습니다. 국적을 이야기하거나 직업을 말할 때 남성과 여성의 표현이 달랐죠. 사람인 경우이기 때문에 우리가 별 무리 없이 받아들여 왔습니다. 물론 동물인 경우에도 암컷과 수컷이 있으니 어렵지 않습니다. 하지만 '태양' 이나 '전쟁' 또는 '죽음' 에서처럼 '가방' 이나 '꽃', '디스켓', '선물' 에 성을 부여한다는 것은 쉬운 일은 아닙니다. 하지만 모든 것을 한꺼번에 암기하는 것이 아니니 하나씩 배워가면서 성을 생각해보죠.

(jupe [쥐쁘] 치마)

Qu'est-ce que c'est?
[께스끄 쎄?] 이게 뭐야?

C'est une jupe.
[쎄뛴 쥐쁘.] 이거 치마야.

Elle est belle?
[엘레 벨?] 이거 예쁘지?

'치마' 가 프랑스어에서는 여성명사이기 때문에 부정관사 **une** 를 사용했고, 대명사는 여성형 단수를 대신하는 **elle** 로 받았습니다. 형용사 역시 남성형인 **beau** 가 아닌 여성형으로 변화된 **belle** 을 사용하였죠. 어떻습니까? 말 안에 性의 흔적이 가득하죠. 우리말에서 '그' 와 '그녀' 를 굳이 구분하지 않지만, '잘 생겼다' 는 남성에게, '예쁘다' 또는 '아름답다' 는 여성에게 주로 사용합니다. 그러고 보면 우리말에도 성이 없는 것은 아니네요!
(**intéressant(e)** [엥떼헤쌍(뜨)] 재미있는)

Qu'est-ce que c'est?
[께스끄 쎄?] 이거 뭐니?

C'est un livre.
[쎄뗑 리브흐.] 이거 책이야.

Il est très intéressant.
[일레 트레 젱떼헤쌍.] 이거 아주 재밌네.

C'est intéressant.
[쎄 땡떼헤쌍.] 그거 재미있네.

'책' 이 남성명사이니 관사는 **un** 이 사용됐고, 대명사는 **il** 로 대신했습니다.

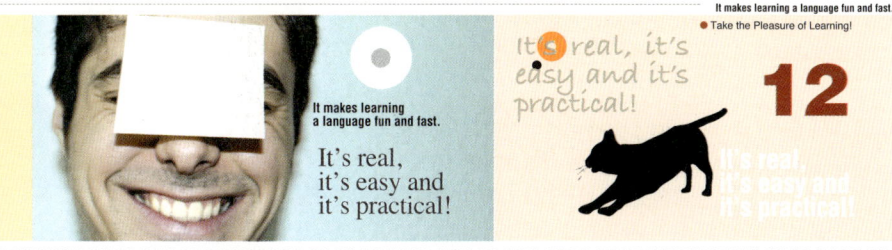

물 좀 주세여~!

딸아이는 파리에서 태어났습니다. 그곳에서 탁아소와 유치원을 다녔죠. 탁아소는 보통 6개월에서 두 살 반 정도까지 다닙니다. 딸아이는 탁아소에서는 당연히 프랑스어를 사용했고 집에서는 우리말과 프랑스어를 섞어 사용했습니다. 아이가 사용한 우리말 중에 하나가 '물' 이었습니다. 프랑스어로 **de l'eau** [들로]라는 표현이 있는데도 언제나 우리말 '물' 을 사용했습니다. '물 ~(르)' 하며 조금 이상하게 발음하죠.

그런데 어느 날 점심시간에 맞춰 탁아소에 갔더니 모든 아이들이 '물~(르)' 하고 외쳐대고 있었습니다. 프랑스 말에도 **moule** [물르]라는 표현이 있습니다. '홍합' 이라는 뜻이죠. 그런데 상황이 그렇지 않았습니다. 아이들이 우리말로 물을 달라고 하는 것이었습니다. 두 살 반이 거의 다 된 딸아이가 '물~' 하며 물 달라고 하니까 딸아이보다 어린 다른 아이들이 모두 따라서 한 것입니다. 보모들도 재미있어하며 아이들에게 호응을 하고 있었습니다. 프랑스인들은 '남의 것을 기꺼이 받아들여 자신들의 것으로 만드는데 귀재입니다. 향수, 의상 디자인, 음식... '차오' 가 스페인어에서, '위켄드' 와 '오케이' 가 영어에서, '망가' 가 일어에서 유입되어 일상적으로 쓰이죠. 프랑스인들이 언제쯤 '들로' 대신에 '물~(르)' 를 말할까요?
(**eau** [오] 물)

De l'eau, s'il te plaît.
[들로, 씰뜨쁠레.] 물 좀 줄래.

도표로 보는 부정관사!

un	남성 단수명사 앞	une	여성 단수명사 앞
des	남성 여성 복수명사 앞		

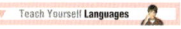

013
소유는 세탁기로 표현합니다!

누구 것이니?
C'est à qui? [쎄따 끼?]

소유를 나타내는 방식은 여러 가지가 있습니다.
앞에서 배운 소유한정사로 표현할 수도 있고,
être à 를 쓸 수도 있습니다.
또한 영어의 **of** 처럼 전치사 **de** 를 쓸 수도 있고요.
그리고 정관사에 대해서도 배워보겠습니다.
남성 단수명사 앞에서는 **le**, 여성 단수명사 앞에서는 **la**,
남성·여성 복수명사 앞에서는 **les** 가 붙습니다.

Take the Pleasure of Learning! It makes learning a language fun and fast.

세탁기야 '쎄따 끼' 야?

우리말과 프랑스어 발음이 비슷한 단어들이 몇 개 있습니다. 프랑스어로 '또항(랑)' 은 우리말로 '급류' 를 의미하죠. 우리말 '도랑' 과 비슷하다면 약간 무리가 있나요. 어렸을 적에 도랑보다는 '또랑' 이라고 발음한 적이 많았던 것 같습니다.

이번에는 정말 비슷합니다. 대학 때 프랑스 사람에게서 강의를 들은 적이 있습니다. 거의 알아듣지 못했죠. 하루는 이야기하는 도중 '소주, 소주' 하더니 몸을 비틀거리면서 '술' 소리를 반복했습니다. 그래서 소주가 술이라고 이야기하나 보다고 대충 짐작했습니다. 그런데 나중에 알아보니 프랑스 단어에 [수] 또는 [술]로 발음되는 단어의 뜻이 '술에 취한' 이었습니다. 그러니까 소주가 술이라는 이야기가 아니라 소주 마시고 술에 취해 비틀거렸다는 말을 한 것입니다. 프랑스어로 '쥬쒸 술.' 하면 '나는 술이다.' 는 뜻이 아니라 ·__· '취했어' 라는 말이 되겠죠. 우리말과 같지는 않지만 우리말처럼 들리는 말로는 앞에서 '쎄끼?' 를 배웠죠. '누구야?' 라는 뜻이었습니다. 또 하나가 있습니다. '쎄따 끼?' '세탁기' 와 아주 발음이 흡사하죠? '이거 누구 거니?' 라는 의미입니다.

torrent
[또항] 급류

soûl
[수, 술] 배부른, 술 취한

C'est à qui?
[쎄따 끼?] 이거 누구 거니?

물건을 가리키며 '누구 거니?' 라고 물을 때는 '세탁기' 를 떠올리고 발음하면 됩니다. 기억하기 쉽죠? 묻고 대답해볼까요?

C'est à qui?
[쎄따 끼?] 이거 누구 거니?

C'est à Arie.
[쎄따 아리.] 이거 아리 거야.

'내꺼야!!!'

똑같은 **à** 지만 앞에서 배웠듯이 뒤에 '파리' 나 '서울' 처럼 장소를 나타내는 명사가 오면 '~에' 라는 의미를 나타내고, 지금처럼 사람의 이름이 오면 '~것' 이라는 소유의 의미를 나타냄을 알 수 있습니다. 하지만 위에서처럼 사람의 이름이 오는 것이 아니라 '내 거', '네 거', '걔 거' 와 같이 표현할 수도 있겠죠? 한번 알아볼까요?

C'est à qui?
[쎄따 끼?] 누구 거니?

C'est à moi.
[쎄따 무아.] 내 거야.

C'est à toi.
[쎄따 뚜아.] 네 거야.

C'est à lui.
[쎄따 뤼.] 그 애 거야.

C'est à nous.
[쎄따 누.] 우리 거야.

간단하죠. 특히 아이들이 사물에 대해 이름을 배우기 시작할 때 '뭐야?' 라는 질문이 끝나면, '누구 거야?' 라는 질문이 시작되죠. '아빠 거야.', '엄마 거야.', '네 거야.' ... 아이들이 처음 말을 배울 때 '엄마', '마망' 부터 발음한다고 합니다. 그 다음에는 '아빠', '빠빠' 겠죠. 그 다음은 무엇일까요?

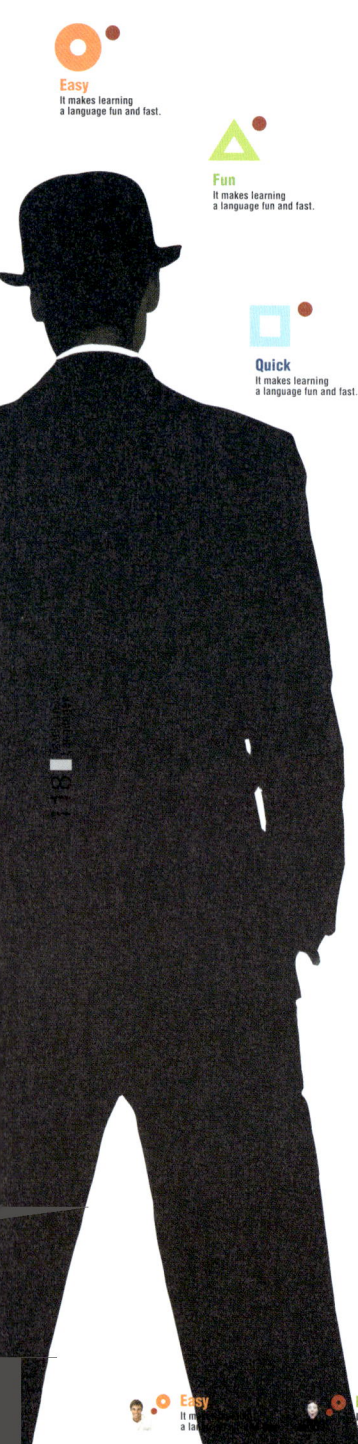

딸아이가 말을 시작한지 얼마 되지 않아 요플레를 먹이려고 작은 수저를 아이의 입에 갖다 댔습니다. 그러자 딸아이 아리는 내 팔을 잡더니 '(쎄) 무아.' 라고 하는 것이었습니다. 지가 먹겠다는 소린데, 솔직히 좀 놀랬죠. 벌써 자아(自我)가 형성된 것입니다. 탁아소에서 다른 아이들이 하는 것을 보고 흘려도 좋으니 내가 먹겠다는 맴(?)이 아니겠습니까?

C'est moi.
[쎄 무아.] 나야.

인칭대명사의 강세형

앞에서 본 것처럼 인칭대명사가 전치사 뒤에 사용될 때는 좀 특별한 형태를 취합니다. 1인칭인 경우는 **je** 가 아니라 **moi** 로, 2인칭은 **tu** 대신에 **toi** 를 사용했습니다. 이런 것을 인칭대명사의 강세형이라 하는데요, 다음과 같습니다.

표로 보는 강세형 인칭대명사

je - moi	nous - nous
tu - toi	vous - vous
il - lui	ils - eux
elle - elle	elles - elles

1인칭, 2인칭 복수와 3인칭 여성 단수와 복수의 경우는 주어 인칭대명사와 강세형 인칭대명사의 형태가 똑 같은 것을 알 수 있습니다. 다행이죠? ·___· 암기할 것이 줄어들었으니.

그러면 몇 문장만 연습해볼까요?
(**rentrer** [항트레] 돌아가다, **chez** [셰] ~의 집에)

C'est à toi?
[쎄따 뚜아?] 이거 네 거니?

Non, ce n'est pas à moi.
[농, 스네빠자 무아.] 아니, 그거 내 거 아니야.

C'est à elle.
[쎄따 엘.] 그녀의 것이야.

Il est chez lui.
[일에 셰뤼.] 그는 그의 집에 있다.

Je rentre chez moi.
[쥬항트르 셰무아.] 나는 집에 간다.

물론 강세형이 전치사 다음에만 사용되는 것은 아닙니다. 주어를 강조하고 싶을 때 사용할 수도 있죠. (**libre** [리브흐] 자유로운)

Moi, je suis libre.
[무아, 쥬쒸 리브흐.] 난, 나는 자유로워.

르몽드와 마몽드

프랑스어에서 소유를 의미하는 표현을 이미 하나 배웠습니다. 사람을 소유한다고 말하면 우습지만, 사람과 관련된 표현에서 '끼 에스?' 라고 물었을 때 '쎄 몽빼흐.' (우리 아빠야.)라고 대답하는 것을 앞에서 연습했습니다. 물건인 경우도 마찬가지죠. '이거 뭐니? 라고 물었습니다.
(**stylo** [스띨로] 만년필)

Qu'est-ce que c'est?
[께스끄 쎄?] 이거 뭐니?

C'est un stylo.
[쌔 멩 스띨로.] 이건 만년필이야.

C'est mon stylo.
[쌔 몽스띨로.] 이건 내 만년필이야.

앞에서 배운 것처럼 '이건 만년필이야.' 라고 부정관사를 써서 대답할 수도 있지만, 내 것임을 강조해서 대답할 수도 있겠죠. 그런데 내 만년필이 아니라 소피의 만년필인 경우에는 어떻게 대답할까요? 물론 우리말로는 '소피의 만년필이야.' 라고 하면 되죠. '소피의~' 영어로는 금방 표현이 떠오르시나요? 프랑스어로 답해보겠습니다.

Qu'est-ce que c'est?
[께스끄 쌔?] 이거 뭐니?

C'est le stylo de Sophie.
[쌔 르스띨로 드 쏘피.] 소피의 만년필이야.

영어에서 **of** 가 소유의 의미로 쓰이는 것처럼 프랑스어에서는 **de** 가 소유의 의미를 나타냅니다. 그런데 약간의 변화가 왔죠. '만년필' 앞에 있던 부정관사 **un** 이 **le** 로 바뀌었습니다. 여기서 만년필은 누구 것인지도 모르는 만년필을 지칭하는 것이 아니라 '소피의 만년필' 이라는 한정된 뜻을 가지고 있죠. 이처럼 물건이 누구의 것인지 정해져있거나 특정한 물건임을 알 때 정관사가 사용됩니다. 여기서는 남성 명사 앞이기 때문에 남성 단수명사 앞에서 쓰는 정관사 **le** 를 사용했습니다. 다른 예문을 들어볼까요?
(**photo** [포또] 사진)

C'est quoi, ça?
[쎄 꾸아, 싸?] 이거 뭐야?

C'est la photo de Jean.
[쎄 라포또 드 쟝.] 쟝의 사진이야.

C'est quoi, ça?
[쎄 꾸아, 싸?] 이거 뭐야?

Ce sont les photos de Paul.
[스쏭 레포또 드 뽈.] 뽈의 사진이야.

자! 뒤에 '누구의 것' 이라는 제한적인 의미가 붙을 때는 명사 앞에 정관사가 붙음을 알 수 있고, 부정관사가 그랬듯이 명사의 성과 수에 따라 정관사의 형태가 변화하는 것을 알 수 있습니다. 즉, 남성 단수명사 앞에서는 **le**, 여성 단수명사 앞에서는 **la**, 남성과 여성 모두 복수명사 앞에서는 **les** 가 붙는 것을 알 수 있죠. 그리고 발음할 때는 뒤에 오는 명사와 한 단어처럼 붙여 발음하는 것이 좋습니다.

'몽드' 라는 말은 '세계', '지구' 라는 뜻이죠. 남성명사이기 때문에 그 앞에 정관사를 붙여 '르몽드' 로 발음한답니다. 프랑스에서 제일 권위 있는 신문 중에 하나죠. 그런데 어느 화장품은 남성명사 앞에 왜 '마' 를 붙여 '마몽드' 라 했을까요? 보통 '몽드' 라는 단어는 한 개인이 소유하기에 적합하지 않으니 '몽' 조차도 잘 붙이지 않습니다. 더군다나 여성형의 형태인 '마' 는 말이 안 되죠. 왜 그랬을까요? 인위적으로 단어를 만든 것 같습니다. '몽드' 라는 발음은 귀에 익숙하고 비음이 섞였으니 듣기에 좋죠. '몽몽드' 하면 발음이 우습지만 '마몽드' 하면 발음 속에 부드러움과 신비스러움을 함께 담아낼 수 있으니까요. 여성들을 유혹하기 위해 상업성이 만들어낸 탁월한 '소리' 아닐까요?

표로 보는 정관사

le	남성 단수명사 앞	la	여성 단수명사 앞
les	남성 여성 복수명사 앞		

014

가볍게 지시할 때는요?

이 책은 내 거야.
Ce livre est à moi.
[스리브흐 에따 무아.]

명사 앞에 붙어 의미를 제한하는 것으로
부정관사, 정관사, 소유한정사를 배웠습니다.
이번에는 지시적 의미를 갖는
지시한정사를 공부할 것입니다.
모두 성과 수에 따라 유사하게 변화하기 때문에
이해하는데 어려움이 없을 것입니다.

Take the Pleasure of Learning! It makes learning a language fun and fast.

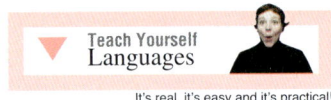

It's real, it's easy and it's practical!

너무도 닮은 ce 와 this

앞에서 영어의 **this is…** 에 해당하는 프랑스어 표현 **c'est …** 를 배웠습니다. 이때 **ce** 와 **this** 는 모두 '이것' 이라는 의미의 지시대명사죠. 그런데 똑같은 형태가 명사를 수식하며 한정적으로 쓰일 때가 있습니다. 이때는 물론 대명사가 아니라 한정사의 역할을 하는 것이죠. 영어의 **this book** 에 해당하는 프랑스어 표현이 **ce livre** [스리브흐] (이 책) 입니다. 이처럼 남성명사 앞에는 **ce** 의 형태로 쓰입니다. 문장을 만들어 연습해볼까요?

Ce sac est à qui?
[스싹 에따 끼?] 이 가방 누구 거니?

Il est à Arie.
[일레따 아리.] 그거 아리 거야.

설명하지 않아도 대충 무슨 뜻인지 아시겠죠? 가방을 나타내는 단어 **sac** 앞에 **ce** 가 붙었습니다. 가까이 있는 물건을 가리킬 때 사용하죠. 앞에 나왔던 명사들을 써서 문장을 만들어볼까요?

Cette voiture est à qui?
[쎄뜨 봐뛰흐 에따 끼?] 이 차 누구 것이니?

Elle est à Boa.
[엘레따 보아.] 그거 보아 거야.

Ces photos sont à qui?
[쎄포또 쏭따 끼?] 이 사진들 누구 것이니?

Elles sont à Paul.
[엘쏭따 뽈.] 그건 폴 거야.

부정관사나 정관사가 그랬듯이 명사의 성과 수에 따라 변화합니다. 남성 단수 명사 앞에서는 **ce**, 여성 단수명사 앞에서는 **cette**, 그리고 남성과 여성 모두의 복수명사 앞에서는 **ces** 가 쓰임을 알 수 있습니다. 정리할 겸 조금 예외적인 문장을 예로 들어볼까요?
(**agenda** [아장다] 수첩)

C'est quoi?
[쎄 꾸아?] 이거 뭐니?

C'est un agenda.
[쎄땡 나장다.] 이거 수첩이야.

C'est l'agenda de Sophie.
[쎄 라장다 드 쏘피.] 이거 소피의 수첩이야.

C'est son agenda.
[쎄 쏘나장다.] 이거 걔 수첩이야.

Cet agenda est à qui?
[쎄따장다 에따 끼?] 이 수첩 누구 것이니?

Il est à Sophie.
[일레따 쏘피.] 그거 소피 거야.

Il est à elle.
[일레따 엘.] 그거 그녀의 거야.

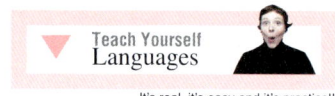

It's real, it's easy and it's practical!

agenda 가 남성명사이기 때문에 **le** 가 붙지만 모음으로 시작되기 때문에 **l'agenda** 로 축약되었습니다. 그리고 [쎄떵 나장다]나 [쏘나장다]에서는 앞에서 배운 [모나미]에서처럼 연음이 되어 발음되었습니다. 방금 전에 배울 때 **cet** 라는 형태의 말이 없었죠? 이것도 순전히 발음 때문이랍니다.

원래는 남성명사 앞이기 때문에 **ce** 가 나와야 하는데 모음이 겹치니 약간 형태를 변형시킨 **cet** 를 사용하여 다음에 오는 모음과 연음이 가능하게 했습니다. 마지막으로 앞에서 배운 '걔 거야.' 라는 표현에서 남성의 경우는 **lui** 를 사용했죠? 여성의 경우는 구별하여 **elle** 을 사용한답니다. 이렇게 한번 물어볼까요?

Cette voiture est à elle?
[쎄뜨 봐뛰흐 에따 엘?] 이거 그녀의 차니?

Non, elle est à moi.
[농, 엘레따 무아.] 아니, 이거 내 거야.

레몬 장사와 레몬 축제!

지중해 연안, 카니발로 유명한 니스 옆에 레몬 산지로 알려진 '망똥' 이라는 도시가 있습니다. 이곳은 유럽 최고의 레몬 산지인 만큼 모든 사람들이 거리에 가판대를 설치하고 레몬을 팔았습니다. 그러다가 생각이 조금 바뀌어 레몬 축제를 벌였죠. 하지만 축제의 목적은 레몬을 파는 것이었습니다.

Easy It makes learning a language fun and fast.

Fun It makes learning a language fun and fast.

Quick It makes learning a language fun and fast.

그런데 지금은 레몬을 팔지 않고 오히려 축제를 위해 레몬을 사들인다고 합니다. 레몬을 파는 것이 아니라 레몬을 이용하여 축제를 하는 것이죠. 레몬으로 '이상한 나라의 앨리스'나 '라퐁텐느의 우화' 등을 재현하는 것입니다. 동화를 주제로 한 축제가 실증나면 여행과 나라를 테마로 축제를 벌입니다. 스페인, 인도 등이 대표적인 나라들이죠. 요즘은 레몬을 팔면서 축제를 벌일 때보다 더 많은 사람들이 찾아와 순수한 레몬의 축제를 즐긴답니다. 지역 경제는 더욱 좋아지고요! 아직도 '레몬 사세요!' 라고 소리치고 계십니까? 우리도 우리가 가진 것으로 축제, 잔치를 만들어 볼까요?

지시한정사의 복합형

영어에서는 '이 책'과 '저 책'을 표현할 때 한정사가 **this** 와 **that** 으로 달리 쓰입니다. 그런데 프랑스어는 영어와 조금 다르게 표현합니다. '이 책' 만을 표현할 때는 위에서 말했듯이 **ce livre** 로 사용하면 됩니다. 하지만 '이 책' 과 '저 책' 을 같이 표현할 때는 명사 뒤에 **-ci** 와 **-là** 를 덧붙여 구분합니다. '이 책' 하면 **ce livre-ci**, '저 책' 하면 **ce livre-là** 로 표현하죠.

ce livre-ci
[스리브흐 씨] 이 책

ce livre-là
[스리브흐 라] 저 책

물론 여성 단수명사나 복수명사의 경우도 마찬가지 형태로 사용합니다.
(**veste** [베스뜨] 웃옷, **lunettes** [뤼네뜨] 안경)

cette veste-ci
[쎄뜨 베스뜨 씨] 이 웃옷

cette veste-là
[쎄뜨 베스뜨 라] 저 웃옷

ces lunettes-ci
[쎄 뤼네뜨 씨] 이 안경

ces lunettes-là
[쎄 뤼네뜨 라] 저 안경

Teach Yourself Languages

It's real, it's easy and it's practical!

안경은 화장실 **toilettes** [뚜알레뜨]처럼 항상 복수로 사용합니다. 문장의 형태로 공부해볼까요?

Ces lunettes-là sont à qui?
[쎄 뤼네뜨 라 쏭 따끼?] 저 안경 누구 거니?

Elles sont à Arie.
[엘쏭 따 아리.] 그거 아리 거야.

ce 가 때를 나타내는 말과 쓰일 때가 있습니다. 여전히 영어의 **this** 와 같은 용법으로 쓰이는 것이죠. 때를 나타내는 말들 앞에 붙어서 '오늘', '올', '이번' 등의 뜻으로 쓰입니다.

ce soir
[스 수아흐] 오늘 저녁

ce week-end
[스 위켄드] 이번 주

cette année
[쎄 따네] 올 해

ce matin
[스 마땡] 오늘 아침

cet automne
[쎄 또똔느] 올 가을

ces jours-ci
[쎄 주흐 씨] 요즘

표로 보는 지시한정사

ce(cet) 남성 단수명사 앞	cette 여성 단수명사 앞
ces 남성, 여성 복수명사 앞	

Easy It makes learning a language fun and fast.

Fun It makes learning a language fun and fast.

Quick It makes learning a language fun and fast.

쎄울, 파리 따라 잡기!

요즘의 서울은 파리 못지않습니다.
특히 10월 중 서울의 문화행사는 파리의 문화행사에 비견될 정도로 다양하고 많은 것 같습니다.
수준면에서도 세계적으로 유명한 예술가들과 단체들이 서울을 찾습니다. 예전에는 오랜 시간이 지나야 예술품은 권위와 명성을 얻었습니다. 하지만 20세기 후반부터 예술가와 예술품의 가치와 명성은 시간적이기보다는 공간적이라고 할 수 있습니다. 다른 국가, 다른 공간에서 인정받을 때 권위를 인정받게 되는 거죠. 많은 세계적 예술가들이 서울을 찾는 이유가 그래서일 것입니다.

우리의 고급문화에 대한 욕구 또한 세계적 예술가들이 우리나라를 찾는 요인일 것입니다.

très aimable

Take the Pleasure of Learning!
It makes learning a language fun and fast.

015
어디를 가는지 묻고 싶으신가요?
어디 가십니까?
Vous allez où? [부잘레 우?]

 **Easy** It makes learning a language fun and fast.

 **Fun** It makes learning a language fun and fast.

 **Quick** It makes learning a language fun and fast.

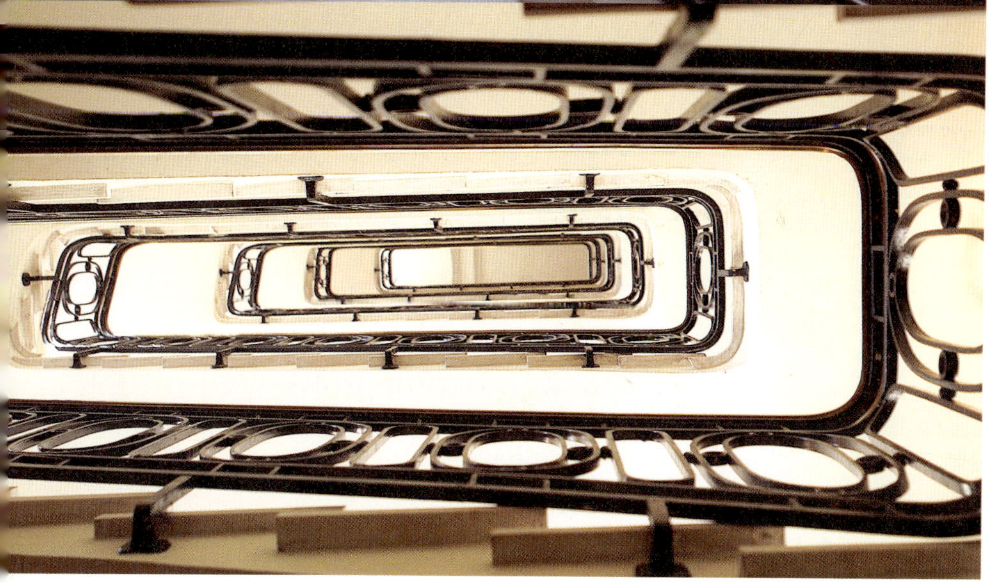

프랑스어에서 많이 쓰이는 **aller** [알레](가다) 동사를 배웁니다. 이 동사를 사용하여 어디를 가는지 묻고 대답할 수 있죠. 그리고 2인칭 존칭인 **vous** [부]에 대해 배웁니다. 프랑스에서는 친한 사이일수록 반말을 합니다. 가족들, 친구들이 모두 그 대상이죠. 직장 상사나 관공서, 처음 보는 사람들의 경우 존칭을 씁니다. 마지막으로 문법적으로는 수준이 높지만 회화에서 간단히 사용할 수 있는 **y** 와 **en** 을 장소와 관련하여 배울 것입니다.

Take the Pleasure of Learning!
It makes learning a language fun and fast.

 ## '삐또' 에 가는데요.

파리의 샤를르 드골 공항에 처음 도착!
미리 정해놓은 집을 찾아가기 위해 짐을 들고 택시를 잡아탔습니다.
앞에서 우리가 배웠듯이 '봉주흐' 라고 인사를 했더니 택시기사도 같이 '봉주흐' 하며 행선지를 물었습니다. 짧은 문장이라 대충 알아듣기는 하였는데 주소를 정확하게 발음할 자신이 없어서 파리 근교에 있는 도시 이름인 '삐또' 만 대고 주소가 적힌 종잇조각을 내밀었습니다.
내릴 때는 배운 것처럼 짐을 생각해 적지 않은 팁을 주었고요.

그런데 헐(!), 내가 가는 곳은 '삐또' 라는 도시인데 그 옆의 '아니에르' 라는 도시의 같은 거리, 같은 번지수 앞에 내려놓았던 것입니다. 장난을 친 것인지, 아님... 파리 도착 첫날부터 고생이 심했지요. 자! 그럼 행선지를 묻는 표현을 함께 배워볼까요? '어디에' 라는 표현 **où** 는 이미 알고 계시죠?

Vous allez où, Monsieur?
[부잘레 우, 므슈?]
어디 가십니까?

Je vais à Puteaux, s'il vous plaît.
[쥬베 아 삐또, 씰부쁠레.]
미안하지만, 나 삐또에 가는데요.

À Puteaux, s'il vous plaît.
[아 삐또, 씰부쁠레.]
미안하지만, 삐또요.

It's real, it's easy and it's practical!

하나일 수도 여럿일 수도

aller 라는 말은 영어의 **go** 라는 단어와 같습니다.
앞에서 설명을 하지 않았는데, '쥬베', '뛰바', '일바', '엘바', '부잘레', 즉 '가다' 라는 의미로 쓰인 말들의 원형입니다.

사람이나 사물의 움직임이나 상태를 나타내는 동사를 통해 언어의 특성을 알 수 있습니다. 우리말은 '나' 와 '너', '우리' 와 '그녀', '당신' 을 구별하지 않고 같은 동사를 사용합니다. 쉽죠. 그리고 하나 됨을 알 수 있습니다.

그런데 프랑스어는 지금까지 조금씩 배워왔듯이 같은 동사인데도 '나' 와 '너', '그녀', '당신' 에서 변화되어 쓰입니다. 이렇게 해석하면 어떨까요? 같은 것이지만 '내' 가 받아들이는 거와 '네' 가 받아들이는 것, 그리고 '그녀' 가 받아들이는 것이 다르고, '나' 와 '네' 가 합쳐질 때 '나' 나 '너' 에 의해 강요받지 않고 전혀 다른 '우리' 라는 새로운 형태가 탄생한다… 꿈보다 해몽이…

그러면 aller 동사, '가다' 라는 의미의 동사를 한번 변화시켜볼까요?

aller
[알레] 가다

je vais
[쥬베] 나는 ~ 간다

tu vas
[뛰바] 너는 ~ 간다

il/elle va
[일바/엘바] 그/그녀는 ~ 간다

nous allons
[누잘롱] 우리는 ~ 간다

vous allez
[부잘레] 너희들은 ~ 간다

ils/elles vont
[일봉/엘봉] 그/그녀들은 ~ 간다

 ## 존칭과 야자!!

이제까지 '너' 라는 표현으로 tu 를 사용하였는데 갑자기 vous 라는 표현이 나왔군요. 우리말에도 '너' 와 '당신' 을 구분하듯이 프랑스어에서도 약간의 거리감을 두고 표현하거나 상대를 특별히 높여야 하는 경우 vous 를 사용합니다. 친구들, 친한 가족과 친척들은 모두 야자를 합니다. 할아버지, 할머니, 엄마, 아빠는 전부 야자의 대상이죠. 대학의 경우 보수적인 파리 4대학, 즉 소르본느 대학은 선생님과 학생들 사이에서 서로 존칭을 사용합니다. 하지만 보다 진보적인 파리 8대학 같은 경우 선생님과 학생들 사이에서 야자를 하는 경우를 많이 볼 수 있답니다. 그러니 택시기사가 vous 를 쓰는 것은 당연하겠죠. 실제 대화할 때는 간단히 행선지만을 대답하는 경우가 많습니다. 그리고 sil' vous plaît 는 '미안하지만' 또는 '제발' 의 의미로 간청할 때 사용됩니다. 또 친한 경우에는 s'il te plaît [씰뜨쁠레]로 표현하고, 모두 하나의 단어처럼 사용됩니다. 약어로 간단히 s. v. p 로 표기하기도 하고요. 그럼 친구에게 '어디 가니? 라고 물어볼까요?
(bibliothèque [비블리오떼끄] 도서관, cinéma [씨네마] 극장, montagne [몽따뉴] 산)

Tu vas où?
[뛰바 우?] 너 어디 가니?

(Je vais) à la bibliothèque.
[(쥬베) 알라비블리오떼끄.] 도서관에.

'그' 나 '그녀' 의 경우도 거의 마찬가지로 표현합니다.

Il va où?
[일바 우?] 걔 어디 가니?

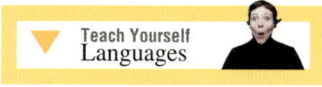

It's real, it's easy and it's practical!

Au cinéma.
[오씨네마.] 극장에.

Elle va où?
[엘바 우?] 그녀는 어디 가니?

À la montagne.
[알라몽따뉴.] 산에.

'가다' 라는 뜻의 동사는 '쥬베', '뛰바', '일바', '엘바' 등으로 변화되어 쓰이죠. 뒤에다 장소 명을 붙이면 됩니다. 간단히 장소 명만을 대답하는 것이 더 자연스럽고요. 몇 가지 꼭 필요한 장소 명을 알아볼까요?
(hôtel [오뗄] 호텔, gare [갸흐] 역, aéroport [아에호뽀흐] 공항, musée [뮈제] 박물관)

À l'hôtel Meridien.
[아 로뗄 메흐디앙.] 메리디앙 호텔 갑시다.

À la gare de Lyon.
[아 라갸흐 드 리옹.] 리옹 역 갑시다.

À l'aéroport Charles De Gaulle.
[아 라에호뽀흐 샤를르 드골.] 샤를르 드골 공항 갑시다.

Au musée du Louvre.
[오뮈제 뒤 루브흐.] 루브르 박물관 갑시다.

'~에' 라는 전치사 à 가 정관사와 결합되어 au, à la 또는 à l 의 형태로 쓰이는 것을 알 수 있죠? 뒤에 오는 장소 명사와 함께 발음하는 것이 좋습니다.

어렵지만 간단한 y, en

프랑스어에서 문법적으로는 어렵지만 회화적으로 간단히 사용되는 표현들이 참 많습니다. 사실 그럴 때는 문법을 알려하지 말고 그냥 암기해서 쓰는 것이 좋습니다. 대표적인 것이 **On y va?** [오니바?](갈까?)입니다. 모임 중인 자리에서 일어날 때, 어떤 목적지를 가고자 할 때, 일을 결행할 때 사용합니다. 정말 무척 많이 사용하죠. '갈까? 라는 표현으로 프랑스어 **On y va?** 어렵지 않죠. 그런데 여기에 사용된 **y** 가 사실은 문법적으로 어려운 표현입니다. 그러나 그것을 몰라도 앞에 나왔던 장소를 받는 말로 사용된다고 생각하고, '거기에' 정도로 굳이 해석할 수 있습니다.

On y va?
[오니바?] 갈까?

우리가 앞에서 배운 장소와 관련된 표현에서 **y** 를 사용하면 훨씬 간단하게 문장을 만들어 편하게 사용할 수 있습니다.
(**theatre** [떼아트르] 극장, **piscine** [삐씬느] 수영장)

Tu vas à la gare?
[뛰바 아 라가흐?] 너 역에 가니?

Oui, j'y vais.
[위, 지베.] 예, 거기 가요.

Vous allez au théâtre?
[부잘레 오떼아트르?] 너희들 극장에 가니?

Oui, nous y allons.
[위, 누지 알롱.] 예, 거기 가요.

Il va à la piscine?
[일바 아 라삐씬느?] 걔 수영장 가니?

Non, il n'y va pas.
[농, 일니 바빠.] 아니, 걔 거기 안가요.

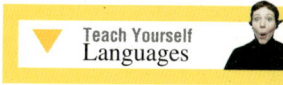

Il va à l'école.
[일바 아 레꼴.] 걔 학교 가요.

en 또한 마찬가지입니다. en 은 '거기로부터' 라는 의미로 쓰일 때, 앞에서 쓰인 말을 간단하게 받아 사용합니다.
(mairie [메리] 시청, commissariat [꼬미싸리아] 경찰서)

Tu viens d'où?
[뛰 비엥 두?] 너 어디서 오니?

Je viens de la mairie.
[쥬 비엥 드 라메리.] 나 시청에서 와.

Tu viens du commissariat?
[뛰 비엥 뒤 꼬미싸리아?] 너 경찰서에서 오니?

Oui, j'en viens.
[위, 쟝 비엥.] 응, 나 거기서 와.

Elle en vient aussi?
[엘 앙 비엥 오씨?] 그녀도 거기서 오니?

Oui, elle en vient aussi.
[위, 엘 앙 비엥 오씨.] 응, 그녀도 거기서 와.

프랑스 경찰은 민중의 지팡이라 할 만합니다. 특히 작은 시에서 등하교 길에 만나는 경찰이나, 일반시민 상담하는 경찰들은 정말 친절합니다. 그런데 프랑스 경찰 중에서 국방부 소속 경찰이 있습니다. 우리말로는 헌병이라 불러야할 텐데 조금 다른 것 같습니다. 군인들을 상대하지 않거든요. 이들은 주로 범죄자나 테러범들을 취급하죠. 인상과 복장부터 다르고, 실제로 위험한 사건에 투입되는 경우가 많습니다.

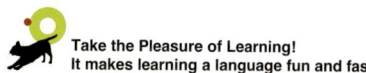

Take the Pleasure of Learning! It makes learning a language fun and fast.

Easy
It makes learning a language fun and fast.

Fun
It makes learning a language fun and fast.

Quick
It makes learning a language fun and fast.

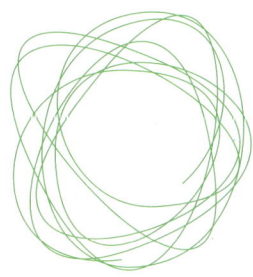

016

건물의 위치를 물을 때 쓰는 표현입니다.
지하철 역은 어디에?
Où est la station de métro?
[우에 라 스따씨옹 드 메트로?]

016

Où 라는 표현은 앞에서 벌써 배웠죠.
이 표현을 활용해 우리가 방문하고자 하는 건물이나,
찾는 물건이 어디 있는지 묻고 대답할 것입니다.
물론 사람이 어디 있는지를 묻고 대답할 수도 있습니다.
위치에 관련된 표현에서 중요한 것은 위치를 나타내는
전치사들입니다. 영어도 마찬가지죠?
위치를 나타내는 다양한 표현들을 배우고 연습해보죠.

파리의 담뱃가게!

파리의 도시 형태가 서울과 다르고 건물이 낯설기 때문에 편의시설들을 찾기가 쉽지 않습니다. 가장 어려운 것이 화장실 찾는 것이죠. 우리나라처럼 지하철이나 공공건물에서 화장실 찾기가 그렇게 쉽지 않습니다. 거리에 유료화장실이 있지만 워낙 화장실 같지 않아 옆에 놓고도 못 찾고 발을 구르기가 일쑤입니다. 그래도 담뱃가게는 찾기가 수월하죠. **TABAC** 라고 적혀있으니...
(**tabac** [따바] 담뱃가게, **là-bas** [라바] 저기에, **Malboro** [말보로] 말보로 담배, **packet** [빠께] 곽, 상자, **gauloise** [골루와즈] 프랑스 담배, **légère** [레제회] 가벼운, 약한, **Banco** [방꼬] 복권의 일종)

Où est le tabac?
[우에 르따바?] 담뱃가게가 어디에 있죠?

Il est là-bas.
[일에 라바.] 그거, 저기요.

담뱃가게에 들렀으니 말보로 한 곽 사볼까요?

Un Malboro, s'il vous plaît.
[앵 말보로, 씰부쁠래.] 말보로 한 곽 주세요.

담배 이름 앞에 하나, 둘, 셋에 해당하는 **un**, **deux**, **trois** 만 붙이면 원하는 만큼 사실 수 있습니다. 물론 약한 말보르를 원한다면 이렇게 말씀하세요.

Un Malboro light, s'il vous plaît.
[앵 말보르 라이트, 씰부쁠래.] 약한 말보로 주실래요.

그래도 프랑스인데 프랑스 사람들이 제일 많이 피우는 담배를 한 번 사볼까요? '골루와즈' 란 담배입니다.

Un packet de gauloise légère, s'il vous plaît.
[앵 빠께 드 골루와즈 레제흐, 씰부쁠래.]
골루와즈 약한 것 한 곽 주세요.

대부분의 프랑스 담뱃가게는 복권 판매도 겸하고 있습니다. 프랑스에서 한 번은, 13일인 금요일, 운이 좋지 않은 날이라 많은 사람들이 복권을 사서 반대로 액땜을 하는 날, 복권을 샀습니다. 반대하는 아내를 졸라 깡이면 일주일 설거지를 하겠노라고 약속하고 **Banco** [방꼬]라는 복권과 **Millionnaire** [밀리오네리라는 복권을 15,000원 어치 정도 샀습니다. 그렇게 큰 금액은 아니었죠. 그런데 모두 허탕이었고, 750원짜리 방꼬만 한 장 맞았습니다. 그것도 돈을 거슬러주는 것이 아니라 다른 방꼬 한 장과 교환이었죠. 화가 나서 일주일 설거지를 하기로 하고 그것을 쓰레기통에 버렸습니다. 그런데 그것을 아내가 주어 TV 위에 올려놓았죠. 어느 날 나가는 길에 다른 방꼬 한 장과 바꾸었습니다. 엘리베이터로 오르면서 긁었는데, 빙고! 75,000원짜리가 맞았습니다. 큰돈은 아니었지만, 며칠 남은 설거지 중단하고 ㅋ ㅋ ㅋ

Un Banco, s'il vous plaît.
[앵 방꼬, 씰부쁠래.] 방꼬 한 장 주세요.

Où sont les toilettes?
[우쏭 레뚜알레뜨?] 화장실 어디 있죠?

Là-bas.
[라바.] 저기요.

귀보다는 손가락을!

자주 찾는 장소로 또 뭐가 있나요? 앞에, 뒤에, 옆에, 맞은편에...
그래도 몇 가지 표현은 알아야 정확하게 장소를 말해줄 수 있을 것입니다.
(**café** [까페] 카페, **derrière** [데리에흐] 뒤에, **église** [에글리즈] 교회, **pharmacie** [파르마씨] 약국, **en face de** [앙파스 드] 맞은편에, **poste** [뽀쓰뜨] 우체국)

Où est le café?
[우에 르까페?] 카페가 어디 있습니까?

Il est derrière l'église.
[일레 데리에흐 레글리즈.] 그거 교회 뒤편에 있습니다.

Où est la pharmacie?
[우에 라파르마씨?] 약국이 어디 있죠?

Elle est en face de la poste.
[엘레 앙파스 드라 뽀쓰뜨.] 그거 우체국 맞은편에 있어요.

그런데 주의할 것은 너무 자신의 귀를 신뢰하지 말라는 것이죠. 간단한 표현이지만 음성들이 다르고 약간씩 다르게 표현하기 때문에 착오를 일으키기 쉽습니다. 이럴 때는 '저기' 하며 가리키는 손가락을 바라보는 것이 최고입니다. 여기서 손가락은 손가락이 가리키는 방향을 말합니다. '소리'로 표현하는 언어도 좋지만 역시 '바디 랭귀지'가 최고죠. 그리고 한 가지 더, 언어 연습을 하면서 가는 곳을 확실히 알 수 있는 방법은 앞에서 가르쳐준 사람과 헤어진 뒤 다른 사람을 잡고 똑같이 다시 물어보는 것입니다. 이때는 훨씬 다르죠. 그리고 앞사람에게서 배운 표현을 다시 써먹을 수도 있습니다. 자, 지하철을 타야 하는데 역이 어디 있는지 모릅니다.
(**station** [스따씨옹] 역, **métro** [메트로] 지하철, **devant** [드방] 앞에, **mairie** [메리] 시청)

Où est la station de métro?
[우에 라스따씨옹 드 메트로?] 지하철역이 어디 있죠?

Elle est devant la mairie.
[엘에 드방 라메리.] 시청 앞에 있어요.

건물뿐만 아니라 사소한 물건들도 위치 관계를 표시할 수 있습니다.
(téléphone [뗄레폰] 전화, télévision [뗄레비지옹] TV, à côté de [아꼬떼드] ~곁에,
porte [뽀흐뜨] 문, dans [당] ~안에)

Où est le téléphone?
[우에 르뗄레폰?] 전화기 어디 있습니까?

Il est sur la table, là-bas.
[일레 쒸흐 라따블, 라바.] 그거 저기, 탁자 위에 있습니다.

Où est la télévision?
[우에 라뗄레비지옹?] TV 어디 있죠?

Elle est à côté de la porte.
[엘레 아꼬떼 드 라뽀흐뜨.] 그거 문 옆에 있어요.

Où sont les disquettes?
[우쏭 레디스켓뜨?] 디스켓 어디 있니?

Elles sont dans ton sac.
[엘쏭 당 똥싹.] 그거 니 가방 안에 있어.

너 어디 있니?

공간과 사람, 전혀 무관하지 않습니다.
물론 예전 같지는 않지만 여전히 각자가 점유하는 공간은 조금씩 다른 것 같습니다. 부엌, 여전히 엄마들이 점유하는 공간입니다. 하지만 프랑스 남성들은 부엌에 들어가는 일에 어색함을 느끼지 않습니다. 한국 남성들 또한 점차 친숙해져 가는 공간이죠.

정원은 주로 아빠의 공간입니다. 늘 바깥일에 익숙한 아빠들, 아직도 부엌보다는 정원이 더 친근하지 않을까요?

프랑스에서 지하 술 저장고는 당연히 아빠의 독점적 공간입니다. 예전부터 술을 저장하고 고르는 일, 권하는 일까지 남자들이 독점했다나요.

살롱, 거실은 어떨까요? 이곳이야말로 모두가 함께 할 수 있는 공간인 듯합니다. 모두가 함께 하지만 TV 채널 때문에 분쟁이 이는 곳이죠? ㅋㅋㅋ
가족들이 보이지 않을 때 찾는데 쓰는 표현들입니다.
(**chambre** [쌍브흐] 방, **jardin** [자흐댕] 정원, **cave** [까브] 지하창고)

Où es-tu, Jeanne?
[우에 뛰, 잔?] 잔, 너 어디 있니?

Je suis dans ma chambre.
[쥬쒸 당 마샹브흐.] 저 방에 있어요.

Elle est où?
[엘에 우?] 그녀는 어디 있지?

Elle est dans le jardin.
[엘에 당 르자흐댕.] 정원에 있어요.

Ton père est dans la cave?
[똥뻬흐 에 당 라까브?] 아빠 지하창고에 계시니?

Oui, il est là.
[위, 일에 라.] 네, 거기 계세요.

A Self Teaching Guide

지하실에 좋은 포도주 저장고를 갖는 것이 많은 남성들의 꿈이라네요. 생산 연도 별로, 또는 **château** [샤또](성, 농장) 별로, 또는 품종 별로 구분된 포도주를 배열하고, 가끔 내려가 병을 돌려주며 포도주가 숨을 쉬는 것을 느끼는 것, 괜찮은 취미일 것 같습니다. 참고로 프랑스 사람들은 포도주를 그렇게 많이 마시지 않습니다. 반주 한두 잔 정도가 대부분이죠. 프랑스에서 만취하는 것, 아마 커다란 실수일 것입니다.

017
Pour aller au Louvre?

017
교통수단이 궁금하신가요?

루브르를 가고 싶은데요?
Pour aller au Louvre? [뿌흐 알레 오루브흐?]

파리에서는 대부분의 대도시에서처럼 다양한 교통수단이 함께 사용됩니다. 버스, 지하철, 택시, 승용차, 기차, 비행기... 얼마 전부터 파리가 녹색혁명의 기치 아래 자전거타기 캠페인을 벌이고 있습니다.
그래서 이번엔 교통수단에 대해 묻고 대답하는 것을 배울 것입니다. 그리고 영어의 **take** 동사와 용법이 비슷한 **prendre** 동사를 배워 교통수단과 함께 사용해보죠.
프랑스어에서 **je voudrais** 라는 표현은 겸손하게 상대를 높이는 표현입니다. 예의바른 표현으로 나가볼까요?

Take the Pleasure of Learning! It makes learning a language fun and fast.

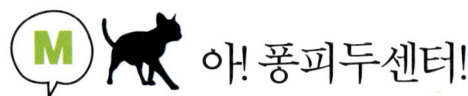 아! 퐁피두센터!

파리에서 가장 많은 관광객이 출입하는 곳이 어딜까요? 에펠탑? 루브르? 의외로 퐁피두센터랍니다. 1972년 고(故) 퐁피두 대통령이 직접 물색하여 장소를 정한 퐁피두센터는 파리의 가장 중심에 위치해 있죠. 지하철로 쉽게 접근할 수 있고, 서민들이 거주하던 곳, 거리의 여인들이 영업을 하는 곳과 가까운 이곳은 만인을 위한 종합예술관으로 지어졌습니다. 여름에 에어컨이 들어오고 겨울에 난방이 잘 되기 때문에 거지나 노숙자, 알코올 중독자들도 즐겨 출입하죠. 한숨 때리고 난 후 그들도 세잔의 화보를 교양(?)삼아 펼칠 수 있는 곳이기도 합니다. 학자와 거지, 노인과 어린이, 유럽인과 동양인 모두가 아무런 제약 없이 미술과 영화, 음악과 건축 등을 즐길 수 있는 곳이죠.

(**centre** [쌍트흐] 센터 또는 중심)

Où est le Centre Georges Pompidou?
[우에 르쌍트르 조흐쥬 뽕삐두?] 퐁피두센터 어디에 있습니까?

Il est au centre de Paris.
[일에또 상트흐 드 빠리.] 파리 중심에 있습니다.

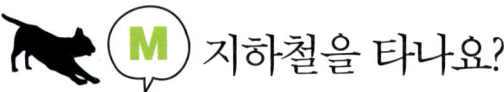 지하철을 타나요?

'프랑스 사람은 프랑스어로 묻지 않으면 대답하지 않는다.'는 말이 있죠. 프랑스 사람들의 모국어에 대한 강한 사랑을 이야기하는 것 같습니다. 그런데 이런 표현이 요즈음 프랑스에서 꼭 들어맞는 것 같지는 않더군요. 특히 젊은 프랑스인들은 외국인이 말을 걸어오면 기다렸다는 듯이 영어로 대답을 합니다. 헐!

대부분의 유럽인들이 그렇겠지만 프랑스 사람들은 참 친절합니다.
특히 낯선 외국인이 서툰 프랑스어로 말을 걸어올 때 더욱 그렇습니다. 그러니 프랑스어가 서툴다고 주눅 들 필요가 전혀 없겠죠? 아는 말만으로도 프랑스인들과 의사소통이 충분히 가능합니다. 때로는 프랑스어가 조금 서툴어야 더욱 친절한 대접을 받는답니다. 너무 잘 하면(??) 경계를 하게 되거든요.

그래서인지 미국인들은 결코 [빠리]라고 하질 않습니다. [파리스~], [파리스~]를 연발하면서도 프랑스인들의 따뜻한 대접을 받죠. 어떻습니까? 거의 억양 없이 우리말을 하는 외국인과, 우스꽝스러운 억양이지만 우리말을 하기 위해 애쓰는 외국인 중 어느 쪽에 더 마음이 가십니까? 잘 할 수 있지만 조금 서툴게 발음해볼까요? (**prendre** [프항드흐] 타다, **métro** [메트로] 지하철, **sûr** [쒸흐] 확실한, **train** [트렝] 기차, **bus** [뷔스] 버스, **avion** [아비옹] 비행기, **bateau** [바또] 배)

Où est le Sacré-Coeur?
[우에 르싸크레 꾀흐?] 성심 성당이 어디 있죠?

Il est à Montmartre.
[일레 아몽마흐트르.] 그거 몽마르트르에 있습니다.

Je prends le métro?
[쥬프항 르메트로?] 지하철을 탑니까?

Bien sûr.
[비엥 쒸흐.] 물론이죠.

'내가 ~을 타다' 라는 표현을 할 때 '쥬프항' 이라는 말을 사용합니다. 그리고 그 뒤에 교통수단을 말하면 됩니다. 그러면 프랑스어에서 가장 많이 쓰이는 동사 중에 하나인 **prendre** 동사를 변화시켜볼까요?

prendre
[프항드흐] 타다

je prends
[쥬프항] 나는 ~탄다

nous prenons
[누프흐농] 우리는 ~탄다

tu prends
[뛰프항] 너는 ~탄다

vous prenez
[부프흐네] 너희들은 ~탄다

il/elle prend
[일/엘프항] 그/그녀는 ~탄다

ils/elles prennent
[일프헨느/엘프헨느] 그/그녀들은 ~탄다

'쥬' 와 '뛰' 가 합쳐서 '누' 가 되지만 동사의 변화는 전혀 다른 '프흐농' 의 형태를 취했죠? 하지만 주의할 점이 있습니다. 동사는 언제나 주어와 함께, 예컨대 '뛰프항' 처럼 암기하거나 읽는 것이 좋습니다. 동사만 따로 쓰이는 일은 없으니까요. 그리고 복수형태, 예를 들면 '누프흐농' 을 사용하는 경우가 상대적으로 적지만 함께 암기하면 좋습니다. 물론, 이 책에서는 이제까지 그래왔듯이 '나' 와 '너', 그리고 '그' 와 '그녀' 만을 중심으로 공부할 것이지만요.

Tu prends le train?
[뛰프항 르트렝?] 기차를 타니?

Non, je prends le bus.
[농, 주프항 르뷔스.] 아니, 버스 타.

Il prend l'avion?
[일프항 라비옹?] 걔 비행기 타니?

Non, il prend le bateau.
[농, 일프항 르바또.] 아니, 배를 타.

 아주 공손하게 말하고 싶다면!

앞에서 장소, 위치를 묻는 문장들을 공부했습니다. 외국에 왔으니 좀 더 상냥하게 물어야 잘 대답해주겠죠. 길을 물을 때뿐만 아니라 외국인과 말을 할 때는 언제나 '쥬부드레' 로 시작하면 아주 좋습니다. '퐁피두센터에 가고 싶은데요.' 라고 물어볼까요?
(**loin** [루엥] 먼, **aller** [알레] 가다)

Je voudrais aller au Centre Georges Pompidou.
[쥬브드레 알레 오쌍트흐 조르쥬 뽕삐두.] 퐁피두센터에 가고 싶은데요.

Ce n'est pas loin. Vous prenez le bus.

[스네빠 루엥. 부프흐네 르뷔스.]
멀지 않아요. 버스를 타세요.

It's real, it's easy and it's practical!

> '쥬브드레'는 본래 '~하기를 원한다'는 의미가 담겨있습니다.
> 겸손하게 '~하고 싶은데요' 라는 말을 할 때 쓰는 말이지요.
> 프랑스어에서 아주 고급스런, 예전에 상류층에서 쓰던 말입니다.
> 이렇게 말을 시작하면 거절할 프랑스 사람 하나도 없습니다.
> 뒤에 배우겠지만 식당이나 호텔, 공항 어디서든지 이렇게 말을 시작하면 좋죠.

자! 계속 파리 시내를 헤매어 볼까요?
(**tout** [뚜] 아주, **droit** [드후아] 똑바로, 오른쪽, **gauche** [고쉬] 왼쪽, **tourner** [뚜흐네] 돌다)

Pour aller au Louvre, s'il vous plaît?

[뿌흐 알레 오루브흐, 씰부쁠레?] 미안하지만, 루브르박물관에 가려는데요?

Vous allez tout droit et tournez à gauche.

[부잘레 뚜드후아 에 뚜흐네 아고슈.] 똑바로 가서 왼쪽으로 가면 됩니다.

pour 는 '~하기 위해서' 라는 말이고 뒤에 동사의 원형을 받습니다. '루브르박물관에 가기 위해서는 어떻게 하죠?' 를 줄여 말한 것입니다. 대답을 알아듣기가 쉽지 않겠죠? 앞서 이야기했듯이 손가락 끝을 잘 보셔야 합니다. 방향을 나타내는 말들을 간단히 공부해보죠.

tout droit
[뚜드후아] 똑바로

à gauche
[아고슈] 왼쪽으로

à droite
[아드후아뜨] 오른쪽으로

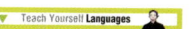

에펠탑과 다이어트

이번에는 파리의 유명한 에펠탑으로 가보겠습니다.
그런데 웬 다이어트 이야기냐고요? ㅋㅋ
먼저 공부(?)부터 조금 할까요? (**pied** [삐에] 발)

Je voudrais aller à la Tour Eiffel.
[쥬브드레 알레 알라뚜흐 에펠.] 저 에펠탑에 가려고 하는데요.

C'est loin. Vous y allez à pied?
[쎄 루엥. 부지 알레 아삐에?] 그거 멀 텐데, 걸어가십니까?

Non, en voiture.
[농, 앙봐뛰흐.] 아니요, 차로 가는데요.

걸어서 간다고 할 때 '아삐에' 라고 표현합니다.
그리고 승용차, 기차, 비행기, 배 등은 **en** 을 붙여 사용합니다.

Vous allez à Londres en train?
[부잘레 아롱드호 앙트렝?] 런던에 기차로 가십니까?

Non, en avion.
[농, 아나비옹.] 아니요, 비행기로요.

Pour aller à Jéjou?
[뿌흐 알레 아제주?] 제주도에 가기 위해 무엇을?

En bateau.
[앙바또.] 배로 가요.

Je prends l'avion. 이나
Je vais en avion. 은 같은 의미겠지요?

It's real, it's easy and it's practical!

Je prends l'avion.
[쥬프항 라비옹.] 비행기를 타.

J'y vais en avion.
[지 베 아나비옹.] 비행기로 가.

Tour Eiffel

에펠탑을 처음 지을 때 많은 사람들이 너무 크고, 철골로 만들어지는 건물이 흉측할 것이라며 반대했다는 이야기 들으셨죠. 변화는, 새로움은 언제나 반대를 부르죠. 에펠탑을 건축한 에펠이 뭐라고 대답했을까요? 에펠은 '강한 것은 아름답다.' 라고 대답했답니다. 300여m 높이로 비바람을 견디고 철골의 무게를 버티려면 튼튼하고 강해야 하는데, 그러려면 반드시 아름다운 모양이어야 한다고 설명했답니다. 박찬호 선수가 빠른 볼을 던지기 위해 완벽한 폼을 찾듯이, 박세리 선수의 스윙 폼이 아름다울 때 장타가 나오는 것처럼 가장 아름다운 형태만이 자연의 저항을 이겨낼 수 있다는 것이죠. 안개 낀 날의 에펠탑을 보셨나요? 야경 속의 에펠탑을 보셨나요? 에펠탑의 아름다운 실루엣은 강함의 상징입니다. 혹시 여러분은 지금 이 시간, 아름답기 위해 굶고 계시지는 않으신가요?^0^

Tu vas à la Sorbonne?
[뛰바 아라 쏘호본느?] 너 소르본느 대학에 가니?

Oui, j'y vais.
[위, 지베.] 네, 거기 가요.

Tu y vas comment?
[뛰 이바 꼬망?] 너 거기 어떻게 가니?

J'y vais en métro.
[지베 앙 메트로.] 난 지하철로 가요.

018
음료수를 주문하고 싶으신가요?
커피 마실래요.
Je prends un café. [쥬프항 엥꺄페.]

018

음료를 주문할 때 사용하는 표현들을 배웁니다. 가장 대표적인 것은 앞에서 배운 **prendre** 동사에 마실 음료수를 붙여 사용하는 것입니다. 간단하죠. 물론 계산도 해야겠죠? 계산을 할 때에는 **combien** [꽁비엥](얼마)라는 표현을 사용합니다. 프랑스어에서 음식물 앞에는 때로 부분관사를 붙입니다. 역시 명사의 성·수에 따라 **du**, **de la**, **des** 로 변화합니다.

샹젤리제 카페

대부분의 여행객들이 파리에 도착하면 호텔 방에 짐을 던져놓고 맨 처음 찾는 곳이 샹젤리제 거리라고 하죠.
개선문과 꽁꼬르드 광장 사이의 1,8 km 정도의 약간 경사진 거리는 '천국의 들'이라 불릴 만큼 아름답습니다.
마로니에 가로수와 4차선 차도 넓이의 人道, 햇빛이 가득한 카페들, 분수대와 각양각색의 사람들... 그리고 그들의 옷차림. 카페에 앉아 지나는 사람들의 옷차림을 통해 변화하는 패션을 읽고, 그들의 표정 속에서 삶의 이야기를 찾을 수 있습니다. 잘 변화하지 않는 곳이 파리지요. 10여 년 후에 다시 찾아도 언제나 아련한 그 옛 모습 그대로 다시 대해주는 거리가 또한 샹젤리제랍니다. 눈을 조금만 감아도 햇살과 지나는 사람들의 부산한 모습, '갸흐쏭'(점원)의 외침소리가 들리는 샹젤리제의 한 카페를 떠올릴 수 있습니다. '봉주흐 부데지레?' 어느새 '갸흐쏭'이 왔군요.
(**désirer** [데지레] 바라다)

Bonjour! Vous désirez?
[봉주흐! 부데지레?] 안녕하세요. 뭘 드시겠습니까?

Bonjour! Un café, s'il vous plaît.
[봉주흐! 엥까페, 씰부쁠레.] 안녕하세요. 미안하지만, 커피요.

간단하죠? 가장 일반적으로 사용되는 말입니다.
물론 여러 가지 말하기 귀찮으면 '(엥)까페'만 해도 됩니다.
'쥬부드레'를 쓰면 아주 상냥한 표현이라고 말했습니다. 사용해볼까요?

Je voudrais un café.
[쥬부드레 엥까페.] 커피 주세요.

앞에서 **prendre** 를 배웠습니다. '프항드흐' 는 영어의 **take** 가 그렇듯이 여러 가지 의미로 쓰입니다. 앞의 과에서는 '타다' 라는 의미로 쓰였죠? **prendre** 는 또한 아주 빈번히 '먹다' 와 '마시다' 의 의미로 사용됩니다. '갸흐쏭' 역시 같은 의미로 이렇게 물을 수 있습니다.

Qu'est-ce que vous prenez?
[께스끄 부푸흐네?] 무엇을 드시겠습니까?

Je prends un thé.
[쥬프항 엥떼.] 차 마시겠습니다.

뜨거운 카페(?)

친구들과 함께 카페에 갈 수도 있습니다.
이제 혼자만 주문하는 것이 아니라 다른 친구들의 주문도 도와줘야 하겠죠.
물론 자신이 없으면 내가 마실 것만 말하면 됩니다.
그것도 늘 같은 것만. 하지만 어찌 그럴 수 있겠습니까? 서툴게 구사하는 외국어에 매력이 있지 않겠습니까? 자, 시작해볼까요? '갸흐쏭' 이 왔군요.
(**jus d'orange** [쥐도항쥬] 오렌지 주스, **coca** [꼬까] 코카콜라)

Qu'est-ce que vous voulez?
[께스끄 부불레?] 무엇을 드시겠습니까?

Un jus d'orange pour moi.
[엥 쥐도항쥬 뿌흐무아.] 나는 오렌지 주스.

Et toi, Arie?
[에뚜아, 아리?] 아리, 넌?

Moi aussi, un jus d'orange.
[무아오씨, 엥 쥐도항쥬] 나도, 오렌지 주스.

Yuna, tu prends quoi?
[연아, 뛰프항 꾸아?] 연아, 너 뭐 마실래?

Pour moi, un coca.
[뿌흐무아, 엥꼬까] 난, 콜라.

voulez 는 **voudrais** 와 같은 의미입니다. '원하다' 라는 뜻을 갖고 있죠. '께스끄' 대신에 문장 뒤에 '꾸아' 를 써도 마찬가지 뜻이라고 앞에서 설명한 것 기억하시죠? 그리고 '~를 위하여' 라는 뜻의 **pour** 다음에도 **à** 다음에처럼 **moi** 를 사용해야 합니다. 프랑스 카페는 뜨겁습니다. 사방에서 스파크(불꽃)가 번쩍이죠. 낯선 이들끼리 서로에 대한 관심, 그리고 적극적인 의사표시가 눈에 뜨일 정도입니다. 부럽지 않습니까? 한 프랑스 여자 친구가 런던에 가서 열심히 스파크를 튀겼는데, 글쎄 영국 머슴애들이 수줍어하며 눈길을 피하더랍니다. 그리고 보면 파리는 한국인이나 동양인들만이 꿈꾸는 곳이 아니라 유럽의 젊은이들 모두가 한 번쯤 가보고 싶어 하는 도시가 아닐까요?

계산과 팁!!!

음료수도 마셨고 수다도 충분히 떨었으니 돈을 지불해야겠죠.

(**combien** [꽁비엥] 얼마나, **deux** [되] 둘, **euro** [외로] 유로화폐, **plus** [쁠뤼스] 더하기, **voilà** [부알라] 여기 ~이 있다)

Merci, c'est combien?
[메흐씨, 쎄 꽁비엥?] 고맙습니다. 여기 얼마죠?

Deux jus d'oranges, 4 euros, plus un coca, 2 euros. Ça fait 6 euros.
[되 쥐도항쥬, 카트흐 외로, 쁠뤼스 엥 꼬까, 되 외로. 싸페 씨 외로.]
오렌지 주스 2잔, 4유로,
더하기 콜라 1잔, 2유로, 도합 6유로입니다.

Voilà 6 euros, merci.
[부알라 씨 외로, 메흐씨.] 여기 6유로요. 고맙습니다!

'쁠뤼스'가 더하기라는 것은 쉽게 알 수 있겠죠. 그리고 '싸페' 라는 표현은 '합쳐서', '모두' 라는 의미를 갖고 있습니다. 그렇지 않고 한 잔 값만을 말할 때는 '쎄' 를 사용합니다. 예컨대 2유로이면 '쎄 되 외로' 라고 말합니다.

C'est combien?
[쎄 꽁비엥?] 여기 얼마죠?

C'est deux euros.
[쎄 되 외로.] 2유로입니다.

여행에서 당혹스러운 것 중에 하나가 팁에 관한 것입니다. 사실 안 줘도 그만입니다. 하지만 그렇게 크게 부담스럽지 않은 범위 내에서 팁을 주는 것은 서로에게 즐거운 일이죠. 그런데 '크게 부담스럽지 않은 범위'가 도대체 얼마를 말하는 걸까요? 한국에서 팁은 때로 십만 원에서 백만 원대로 넘어가는 경우가 있지 않습니까? 프랑스 카페에서 팁은 우리 돈으로 150원을 넘는 경우가 거의 없습니다. 유로의 1/100 단위까지, 즉 우리 돈으로 15원 정도의 동전까지 있기 때문에 그것들을 사용하여 팁을 지불하면 됩니다. 지나치지 않으면서 여유를 잃지 않는 것, 프랑스인들에게서 배울 수 있는 지혜 아닐까요?

맥주와 땅콩

'커피 마실래?' 라고 물을 수도 있겠죠.
(**boire** [봐흐] 마시다, **bière** [비에흐] 맥주, **chocolat** [쇼꼴라] 초콜릿, **lait** [레] 우유)

Tu bois du café?
[뛰봐 뒤꺄페?] 너 커피 마실래?

Non, je ne bois pas de café. Je bois de la bière.
[농, 쥬느봐빠 드꺄페. 쥬봐 들라비에흐.]
아니, 나 커피 안 마셔. 맥주 마실래.

'뛰봐' 에서 '봐' 는 '마시다' 라는 표현입니다. '뛰프항' 할 때 '프항' 이 여러 의미로 쓰이는 중에 '마시다', '먹다' 의 뜻으로도 쓰인다면 '봐' 는 '마시다' 라는 뜻으로만 쓰이죠. 그런데 앞에서는 마실 것 앞에 **un** 을 사용하였는데 이번에는 난데없이 **du** 와 **de**, **de la** 가 나타났네요. 또한 '커피 한 잔' 의 의미로 말할 때는 위에서처럼 **un** 또는 **une** 를 사용합니다. 초콜릿을 한 잔 또는 맥주를 한 잔 마신다고 할 때 이렇게 표현하죠.

Tu bois un chocolat?
[뛰봐 엥쇼꼴라?] 초콜릿 마실래?

Non, je bois une bière.
[농, 쥬봐 윈비에흐.] 맥주 마실래.

그런데 그냥 막연한 의미로 '커피 마실래.' 또는 '맥주 마실래.' 할 때는 일정한 양이 정해진 것이 아니라는 의미에서, 그리고 부분을 나타내는 의미에서

부분관사 **du**, **de la** 를 사용합니다. 그러니까 대개의 경우는 **un**, **une** 와 **du**, **de la** 를 혼용해서 써도 무방합니다.
그리고 **de** 라는 표현은 문장이 부정적으로 표현될 때 **un**, **une** 와 **du**, **de la** 가 변형된 것입니다. 한 문장만 더 연습해볼까요?

Tu prends du lait?
[뛰프항 뒤레?] 너 우유 마실래?

Non, je ne prends pas de lait.
Je prends de l'eau.
[농, 쥬느프항빠 드레. 쥬프항 들로.] 아니, 나 우유 안마셔. 나 물 마실래.

'~을 마시다' 라는 말 뒤에 쓰인 **du** 가 부정적 표현인 '~을 마시지 않는다' 뒤에서는 **de** 로 바뀌었죠? 그리고 앞에서 '물 좀 줘.' 할 때 '들로' 라는 표현이 나왔군요. 부분관사가 붙은 말이고, 모음으로 시작되기 때문에 축약되어 표현되었습니다. 위의 질문에 간단히 이렇게 대답하실 수 있습니다.

Tu prends du lait?
[뛰프항 뒤레?] 우유 마실래?

Non, de l'eau.
[농, 들로.] 아니, 물.

표로 보는 부분관사!

du(de l')	남성 단수명사 앞	de la	여성 단수명사 앞
des	남성 여성 복수명사 앞		

019
목적어를 간단히 대명사로!
프랑스를 사랑해요!
J'aime la France! [젬므 라프항스]

우리말과 영어, 프랑스어의 가장 큰 차이는 어순일 것입니다.
우리말은 주어+목적어+동사인데,
영어나 프랑스어는 주어+동사+목적어 순이죠.
하지만 프랑스어에서는 영어와 다르게
목적어가 대명사로 바뀌면 우리말처럼 동사 앞으로 옵니다.
직접목적어의 성과 수에 따라 **le**, **la**, **les** 로 받아 동사 앞에 놓으면 되죠.
'나를', '너를' 은 **me**, **te** 로 동사 앞에 사용하면 됩니다.

Take the Pleasure of Learning! It makes learning a language fun and fast.

'오토 스톱'

파리에서 일 년 정도를 보낸 다음, '오토 스톱' (**auto-stop**), 즉 히치하이크로 20여 일에 걸쳐 프랑스 일주를 했습니다. 파리에서 리옹, 그르노블, 깐느, 니스를 거쳐 몽뻴리에, 뚤루즈, 보르도, 뚜르 그리고 다시 파리로 돌아왔죠. 이틀은 차를 잡지 못해 하루 종일 걷기도 했습니다. 차츰 요령이 생기기도 하고, 친절한 프랑스인들을 만나기도 했습니다. 뚤루즈에서 보르도로 데려다 준 사람은 자신의 집에서 일박을 시켜주고, 맛좋은 포도주와 햄을 대접했습니다. 다음 날 보르도市(시)를 하나하나 구경시켜주고, 그 다음 목적지를 위해 '오토 스톱' 하기에 적당한 장소까지 데려다 주었습니다. 차를 잡기 적당한 장소로는 고속도로 톨게이트가 최고입니다. 교외로 나가는 길목의 주유소도 괜찮은 곳이죠. 쉽게 차가 잡히지 않는 날은 배낭 뒤에다 다음처럼 적은 두꺼운 종이를 매달고 걸었습니다.

(**aimer** [에메] 사랑하다, **destination** [데스띠나시옹] 방향, **Tour** [뚜흐] 프랑스 도시 이름, **routier** [후띠에] 트럭 운전사)

J'aime la France!
[젬므 라프항스!] 프랑스를 사랑해요!

Vive la France!
[비브 라프항스!] 프랑스 만세!

À destination de Tour!
[아데스띠나시옹 드뚜흐!] 뚜르 방향!

Les routiers sont sympas!
[레후띠에 쏭 쌩빠!] 트럭 운전사는 착하다!

트럭 운전사는 착하다!

첫 번째 문장은 우리가 쉽게 이해할 수 있고, 두 번째나 세 번째 문장은 이런 문장이 있구나 하고 알아두기만 하면 되겠죠. 네 번째 문장에서 '후띠에'는 장거리 트럭 운전사를 말합니다. 유럽 대륙을 장거리로 움직이는 대형 트럭들이 많고, '오토 스톱'을 하기 위해 절반정도는 트럭을 얻어 타기 때문에 마지막 문장은 필수적입니다. '후띠에'들도 장거리 운전이 지루하기 때문에 기꺼이 여행객을 태워줍니다. 대부분의 경우 걷기 시작한지 30분이 되면 차를 얻어 탈 수 있고, 대화가 시작됩니다. 우선 고맙다는 인사로 시작해야겠죠? 트럭 운전사들과는 대부분 곧바로 야자를 합니다.
(**super** [쒸뻬흐] 멋진)

Merci, tu es très sympa.
[메흐씨, 뛰에 트레쌩빠.] 고맙다. 너 아주 마음에 든다.

Merci, tu es super.
[메흐씨, 뛰에 쒸뻬흐.] 고맙다. 너 멋지다.

운전사가 기분 좋아하겠죠? 여행 도중에는 포도주, 요리, 프랑스에 대한 인상 등이 주된 대화의 내용이 되죠. '사랑한다', '좋아한다' 라는 프랑스 말 잘 아시죠?
(**vin** [벵] 포도주, **adorer** [아도레] 매우 좋아하다, **français** [프항세] 프랑스의)

Tu aimes le vin?
[뛰엠므 르벵?] 너 포도주 좋아하니?

Mais oui, j'adore le vin français.
[메위, 자도흐 르벵 프항세.] 물론이지, 나 프랑스 포도주를 아주 좋아해.

'위' 라고 해도 되지만 '메위' 라고 하면 아주 강한 긍정이 됩니다. 물론 강한 부정일 때는 **Mais non** [메농] 하면 되죠. 좋아하는 정도가 아니라 아주 열렬히 좋아할 때 '자도흐' 라는 표현을 사용합니다. 거기에다 그냥 포도주를 좋아하는 것이 아니라 프랑스 포도주, '벵 프항세' 를 좋아한다고 했으니 프랑스 트럭 운전사는 아주 자랑스럽고 만족스런 표정으로 이야기를 멈추지 않습니다. 위의 문장을 좀 더 간단히 대답해볼까요?
(**fromage** [프로마쥬] 치즈, **beaucoup** [보꾸] 매우)

Tu aimes le fromage aussi?
[뛰엠므 르프로마쥬 오씨?] 너 치즈도 좋아하니?

Bien sûr, je l'aime beaucoup.
[비엥쉬흐, 쥬렘므 보꾸.] 당근이지, 나 그거 되게 좋아해.

'프로마쥬' 가 없어지고 대신 **le** 로 받아 축약시켰습니다. 영어와 프랑스어의 커다란 차이 중의 하나가 바로 '그것을' 이라는 말 '르' 의 위치입니다. 영어의 경우는 동사의 뒤에 오지만 프랑스어에서는 동사의 앞에 위치했죠. 형태도 앞에서 배운 관사의 형태와 동일합니다. 하지만 의미는 전혀 다르겠죠.

자, 이제 잘 아는 문장을 한번 연습해볼까요?
(**fort** [포흐] 많이)

Tu m'aimes?
[뛰 멤므?] 나 사랑해?

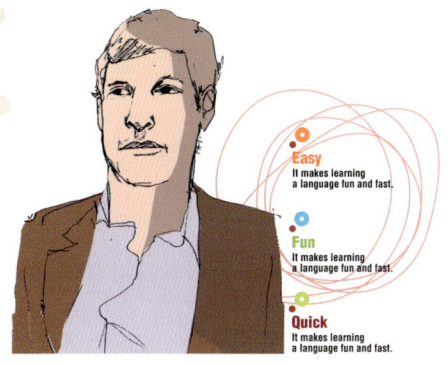

Bien sûr, je t'aime fort.
[비엥쒸흐, 쥬뗌므 포흐.]
당근이지, 나 너 되게 사랑해.

프랑스어로 '사랑해' 라는 말이 '쥬뗌므' 라는 것은 알고 있었지만 뭐가 뭔지는 잘 몰랐죠? 위에서처럼 '나를' 에 해당하는 **me** 와 '너를' 에 해당하는 **te** 가 동사 앞에 와서 축약되기 때문에 '뜨뗌므' 또는 '쥬뗌므' 가 됩니다. 자, 다시 트럭으로 돌아와 운전사와 이야기를 계속해볼까요? 멀리 높지 않은 구릉에 많은 젖소들이 한가하게 풀을 뜯고 있습니다.
(**voir** [봐흐] 보다, **colline** [꼴린] 구릉, **vache** [바쉬] 암소)

Tu vois la colline?
[뜌봐 라꼴린?] 너 구릉이 보이지?

Oui, je la vois.
[위, 쥬라봐.] 응, 그거 보여.

Tu vois aussi les vaches?
[뜌봐 오씨 레바쉬?] 너 젖소도 보이지?

Oui, je les vois aussi.
[위, 쥬레봐 오씨.] 그래, 그것들이 보여.

'그것을' 에 해당하는 말이 여성 단수인 경우에는 **la** 로 받고, 복수인 경우에는 **les** 로 받아 동사 앞에 위치시키는군요. 간단하죠?

 먹을거리!

우리나라도 그렇지만 프랑스의 경우도 각 지방에 고유의 유명한 음식들이 있습니다. 빼리고르 지방에서는 '푸아 그라' 라고 불리는 거위간이 유명합니다. 예전에는 할머니들이 성탄절이 다가오면 거위를 잡아 다리 사이에 끼고 입을 벌려 옥수수를 숟가락으로 꾹꾹 눌러가며 억지로 먹였습니다. 그래서 비대해진 간을 요리해 먹거나, 가공하여 빵에 발라먹습니다. 최고의 요리 중에 하나죠. 요즈음은 주유소에서 기름 넣는 권총처럼 생긴 기계를 거위의 입에 집어넣고 '드르륵' 옥수수를 먹인답니다. 전율!... 브르타뉴 지방에서는 우리나라 빈대떡이나 전과 비슷한 '크레쁘' 라는 것이 유명합니다. 얇게 전을 부쳐 설탕이나 초콜릿을 발라서 먹습니다. '크레쁘' 를 먹을 때는 항상 '씨드흐' 라고 불리는 사과주스를 함께 마시죠.
(crêpe [크레쁘] 빈대떡, cidre [씨드흐] 사과주스, préférer [프레페헤] 선호하다)

Tu n'aimes pas la crêpe?
[뛰넴므빠 라 크레쁘?] 너 크레쁘 좋아하지 않니?

Non, je ne l'aime pas.
[농, 쥬느 렘므빠.] 응, 나 그거 안좋아해.

Et le cidre?
[에 르시드흐?] 사과주스는?

Non plus, je préfère le jus d'orange.
[농쁠뤼, 쥬프레페호 르쥐도항쥬.] 역시 안좋아해. 난 오렌지 주스가 좋아.

'그것을' 이란 말과 동사가 결합된 문장을 부정으로 표현할 때는 그 앞뒤에 **ne ~ pas** 를 붙이는군요.

Non, je ne t'aime pas.
[농, 쥬느 뗌므빠.] 아니, 널 사랑하지 않아.

사실 '크레쁘'를 좋아하지 않을 사람은 없을 것입니다. 문장을 연습하다보니 그렇게 되었습니다. 하지만 '시드흐'는 맛이 약간 찝찔해서 좋아하지 않는 사람도 있답니다. 긍정으로 물었을 때 '또한', '역시' 라는 말은 **aussi** 를 사용하였습니다. 그런데 앞에서처럼 부정으로 묻는 경우 '또한', '역시'는 **non plus** 로 대답합니다. '쥬프레페흐'는 '오히려 ~를 선호한다' 고 할 때 사용합니다.

Tu bois de la bière?
[뛰봐 들라비에흐?] 너 맥주 마실래?

Non, je préfère le vin.
[농, 쥬프레페흐 르벵.] 아니, 포도주가 낫겠는데.

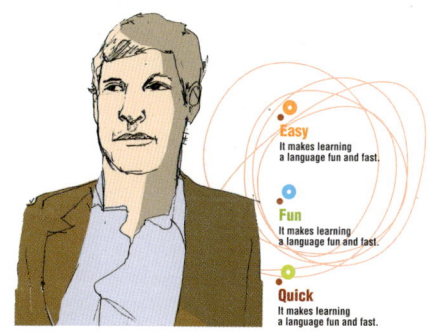

가만히 보니 '젬므', '자도흐', '쥬프레페흐' 처럼 '좋아하다' 라는 의미로 쓰인 말들 다음에는 항상 정관사를 사용하는군요. 눈치 채셨습니까? 좋아한다는 것이 그것 전체를 좋아한다는 의미이기 때문에 그런다는군요. 모두들 '푸아 그라' 를 좋아하지만 비싸서 못 먹죠.
(**femme** [팜] 아내, **foie** [푸아] 간, **gras** [그라] 살찐, **trop** [트로] 너무, **cher** [셰흐] 비싼, **adorer** [아도레] 무척 좋아하다)

Ta femme aussi aime le foie gras?
[따팜 오씨 엠므 르푸아그라?] 네 부인도 거위 간 좋아하니?

Oui, elle l'adore, mais c'est trop cher!
[위, 엘라도흐, 메 쎄 트로셰흐!]
그럼, 그녀는 그것을 되게 좋아해. 근데 그거 너무 비싸!

프랑스를 여행할 때는 호텔도 좋지만 민박이나 텐트를 치는 것도 좋습니다. 민박은 30,000원 정도에 아주 깨끗한 방과 아침 식사를 제공하며, 한적해서 오히려 좋습니다. 캠핑 장소는 등급에 따라 별이 붙어 있고 목욕, 취사, 세탁 시설은 기본적으로 갖춰져 있습니다. 잘 준비된 곳은 수영장과 테니스장도 구비되어 있으니 호텔이 부럽지 않죠. 하지만 우리와 다른 것은 9시가 넘으면 절대 소음을 내서는 안 된다는 것입니다. 9시부터 '모닥불 피워놓고 마주 앉아서...' 시작하는 우리와 많이 다르죠.

020

시간 약속을 하고 싶으신가요?

시간 있니?
Tu es libre? [뛰에 리브흐?]

먼저 시간을 표현하는 방법을 배웁니다.
프랑스어에서도 시간은 비인칭구문으로
영어의 **it is** 처럼 **il est** 를 사용합니다.
다음으로 영어의 **have** 동사에 해당하는
avoir 동사를 공부합니다. 많이 사용되죠.
마지막으로 시간을 묻기만 하는 것이 아니라
약속 시간을 정하는 것도 배웁니다.
프랑스 친구의 데이트 신청, ㅋㅋ 놓치면 안 되겠죠? ·___·

지금 몇 시니?

프랑스인들의 시간에 대한 개념은 어떨까요?
사람에 따라 다르겠지만 프랑스인은 전반적으로 시간을 강하게 의식하는 편은 아닌 것 같습니다. 보통 약속시간의 20분 정도 늦는 것은 교통 등을 고려해서 양해를 해주죠. 프랑스인들의 시간에 대한 개념을 잘 알 수 있는 것이 줄을 설 때입니다. 식당 앞이나 도서관 등에서 차례를 기다릴 때 서두르거나 초조해 하는 법이 없습니다. 수다를 떨거나 책을 보면서 그 시간을 즐기는 듯한 인상입니다. 줄이 훨씬 앞으로 줄어서 그 사이에 다른 사람이 끼어들어도 모를 정도로 기다린다는 것에 대한 조바심이 없습니다. 처음에는 적응이 되지 않아, 얼굴이 붉어졌다 파래졌다... 말은 잘 못하고 성질 죽이느라 고생이 많았죠. 한번 시간을 물어볼까요?
(**quel(le)** [껠] 몇, **heure** [외흐] 시간, **cinq** [쌩끄] 다섯, **vingt** [벵] 스물)

Quelle heure est-il?
[껠뢰흐 에띨?] 몇 시니?

Il est cinq heures.
[일레 쌩꾀흐.] 다섯 시야.

Il est quelle heure?
[일레 껠뢰흐?] 몇 시니?

Il est vingt heures.
[일레 벵꾀흐.] 저녁 여덟 시야.

사실 요즘 시간을 묻는 경우는 예전처럼 많지 않습니다.
워낙 시계를 비롯하여 시간을 말해주는 각양각색의 기기들이 있으니 잠시 고개를 돌리면 어디서나 시간을 읽을 수 있으니까요. 하지만 시간은 여전히 인간의 삶에서 중요한 요소 중에 하나이지요.
프랑스 TV에서 저녁 뉴스는 8시에 시작됩니다. 화면에는 20시라는 큰 글씨가 나타나고 아나운서가 '매담 매드무아젤 매슈 봉수아흐 일레 벵꾀흐'를 말하면 뉴스가 시작됩니다.

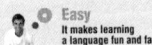

'마담 마드무아젤 므슈' 의 복수 형태를 사용하고, 시간을 알립니다. '일레 벵푀흐.' '쌩푀흐' 나 '벵푀흐' 나 숫자가 다음에 오는 명사와 연음이 되므로 한 단어처럼 읽는 것이 좋습니다. 시간을 말할 때 쓰이는 **il est** [일레는 뒤에 복수가 오든 단수가 오든 변화하지 않습니다. 언제나 시간을 말할 때는 '일레' 로 시작하죠. 물을 때도 앞에서처럼 '일레 껠뢰흐?' 로 말합니다. 물론 '껠뢰흐' 가 앞에 오면 '일레' 는 '에뗄' 로 도치되어 '껠뢰흐 에뗄?' 이 됩니다. 낮 12시 이후의 시간을 말할 때 일반적으로 13시, 14시, 20시 등으로 표현합니다. 처음에는 조금 낯설죠. 물론 오후 1시, 오후 2시, 저녁 8시 등으로 말하기도 합니다. 조금 다른 표현으로 물어볼까요?
(**midi** [미디] 정오, **demie** [드미] 절반)

Tu as l'heure?
[뛰아 뢰흐?] 몇 시니?

Il est midi.
[일레 미디.] 정오야.

Vous avez l'heure?
[부자베 뢰흐?] 몇 시죠?

Il est huit heures et demie.
[일레 위뙤흐 에드미.] 8시 30분이요.

'뛰아 뢰흐?' 를 말 그대로 해석하면 '시간 있니?' 라는 표현이 됩니다. 착각할 수 있겠죠. '응, 가진 게 시간이야.' 라고 대답하면 상대방이 어리둥절할 것입니다. '일레 껠뢰흐?' 와 같은 표현이죠. 일반적으로 시간을 쓸 때는 아라비아 숫자로 씁니다. 예컨대 **Il est 5 heures**. 로 쓰죠. 조금씩 숫자 연습을 해야 할 것 같아서 알파벳으로 표기해 보았습니다. 그리고 정오는 **midi** 라는 표현을 쓰고 자정은 **minuit** [미뉘]라는 표현을 씁니다. 30분은 **demie** 라는 표현을 쓰죠.

어떻습니까? 이제 숫자만 공부하면 시간을 말하는 것은 문제 없겠죠? '뛰아' 나 '부자베' 할 때 동사는 프랑스어 동사 중에서 가장 많이 쓰이는 동사 중에 하나인 '가지다' 라는 뜻을 지닌 **avoir** [아봐흐] 동사입니다. 이 동사 역시 단수가 주로 쓰이지만 워낙 중요한 동사라 변화를 알아둘 필요가 있습니다.

avoir
[아봐흐] 가지다

j'ai
[제] 나는 ~ 가지고 있다

nous avons
[누자봉] 우리는 ~ 가지고 있다

tu as
[뛰아] 너는 ~ 가지고 있다

vous avez
[부자베] 너희들은 ~ 가지고 있다

il/elle a
[일라/엘라] 그/그녀는 ~ 가지고 있다

ils/elles ont
[일종/엘종] 그들은 ~ 가지고 있다

그러면 간단한 문장을 연습해볼까요?

Tu as une voiture?
[뛰아 윈봐뛰흐?] 너 차 있니?

Bien sûr. J'ai une belle voiture.
[비엥쒸흐. 제 윈 벨 봐뛰흐.] 물론이지. 멋진 차가 있지.

오늘 저녁 시간 있니?

프랑스에서 문화생활을 가장 활발하게 할 수 있는 연령층은 50대 이후일 것입니다. 아무래도 월급봉투도 두툼하고 시간적인 여유도 상대적으로 더 많죠. 오페라나 발레 공연장에 젊은 연령층은 상대적으로 적습니다. 가장 궁핍한 연령층은 20대, 특히 대학생들입니다. 일찍부터 독립된 생활을 하는 프랑스 대학생들은 언제나 경제적으로 쪼들리기 때문에 비싼 공연은 꿈도 꾸지 못하고 공짜 음악회나 저렴한 공연장, 특히 영화관을 즐겨 찾죠. 오늘 저녁도 친구와 영화관에서...
(**libre** [리브흐] 자유로운, **soir** [수와흐] 저녁, **d'accord** [다꼬흐] 좋아)

Tu es libre ce soir?
[뛰에 리브흐 스수와흐] 너 오늘 저녁 시간 있니?

Oui, je suis libre.
[위, 쥬쒸 리브흐] 응, 나 시간 있어.

On va au cinéma?
[옹바 오씨네마?] 우리 영화 보러 갈래?

D'accord.
[다꼬흐] 좋지.

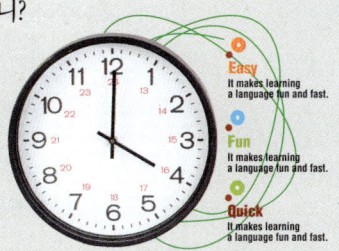

'시간 있니? 라는 말을 하기 위해 '자유로운' 이라는 말 '리브흐' 를 사용하고 있군요. '극장에 가다' 라는 표현은 이미 배웠으니 문제가 없죠? On 은 우리말로 '사람' 이라는 뜻이지만 '우리' 라고 해석하거나, 우리말로 옮기지 않는 것이 자연스럽습니다. 그리고 '그래' , 또는 '그러자' 는 말을 할 때는 Oui 보다는 OK 또는 D'accord 를 사용합니다.

랑데부를 정할까요?

영화가 몇 시에 하는지 알아야 약속을 하기에 편하겠죠? 물어볼까요?
(film [필름] 영화, commencer [꼬망쎄] 시작하다, sept [쎄뜨] 일곱)

Le film commence à quelle heure?
[르필름 꼬망스 아껠뢰흐?] 영화 몇 시에 시작하는데?

Il commence à sept heures.
[일꼬망스 아쎄뙤흐] 일곱 시에 시작해.

'몇 시니? 라는 말보다는 '몇 시에?' 라는 말이 훨씬 많이 사용되겠죠. 비행기 시간이나 기차 시간, 강의 시간과 영화 시간 그리고 약속 시간까지, '몇 시에?' [아껠뢰흐]라는 표현은 꼭 익혀두어야 합니다. 비행기나 기차의 출발과 도착 시간을 물어볼까요?
(arriver [아리베] 도착하다, dix [디스] 열, neuf [뇌프] 아홉)

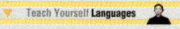

L'avion arrive à quelle heure?
[라비옹 아리브 아껠뢰흐?] 비행기 몇 시에 도착하죠?

À dix heures.
[아디죄흐.] 열 시입니다.

Le train part à quelle heure?
[르트렝 빠흐 아껠뢰흐?] 열차가 몇 시에 출발하죠?

À neuf heures.
[아뇌뵈흐.] 아홉 시요.

생각보다 훨씬 간단하죠? 위에서 영화 상영시간을 알았으니 친구와 약속을 정해볼까요? (on [옹] 사람들, six [시스] 여섯)

On prend rendez-vous?
[옹프항 항데부?] 우리 약속을 할까?

D'accord! Mais, à quelle heure?
[다꼬흐! 메, 아껠뢰흐?] 좋아. 그런데 몇 시에?

À six heures. Ça te va?
[아씨죄흐. 싸뜨바?] 여섯 시. 너 괜찮겠어?

Bon, d'accord. À six heures.
[봉, 다꼬흐. 아씨죄흐.] 좋아. 여섯 시에 만나자.

Où ça?
[우 싸?] 어디서 보지?

Devant le cinéma.
[드방 르씨네마.] 영화관 앞에서.

'항데부' 가 '약속' 이라는 것은 이미 알고 있고, '약속을 하다' 라는 표현은 앞에 '프랑드흐' 동사를 사용하여 표현하면 됩니다.

'싸뜨바'는 '싸바'와 거의 같은 의미로 사용됩니다. [띠가 '너에게'라는 말이니 '그 시간이 너에게 별 문제가 없겠니? 라고 묻는 표현입니다. 어떻습니까? 프랑스 친구와 약속을 정하고 영화를 보는데 까지는 어려움이 없겠죠?

샤넬과 숫자

몇 가지 숫자를 알아보았는데 20까지만 연습해볼까요?

un 1　**deux** 2　**trois** 3　**quatre** 4　**cinq** 5
[엥]　[되]　[트후아]　[꺄트흐]　[쌩끄]

six 6　**sept** 7　**huit** 8　**neuf** 9　**dix** 10
[씨스]　[쎄뜨]　[위뜨]　[뇌프]　[디스]

onze 11　**douze** 12　**treize** 13　**quatorze** 14
[옹즈]　[두즈]　[트레즈]　[꺄또흐즈]

quinze 15　**seize** 16　**dix-sept** 17　**dix-huit** 18
[깽즈]　[쎄즈]　[디쎄뜨]　[디즈위뜨]

dix-neuf 19　**vingt** 20
[디즈뇌프]　[뱅]

숫자 외우기, 두세 번 연습하시면 입에 짝짝 붙습니다~!

샤넬이 말했습니다. "가족, 친구, 사랑... 결국은 모두 다 떠나갑니다. 하지만 언제나 홀로 남아 뒤돌아보면 나를 기다리는 것이 있습니다. 바로 '일' 이지요."

Allez! Au boulot!
[알레! 오불로!]　자! 일합시다!

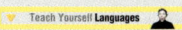

Quand?

021

178 | Teach Yourself Languages

TPL ^L^ Take the Pleasure of Learning!
It makes learning a language fun and fast.

 Easy
It makes learning
a language fun and fast.

 Fun
It makes learning
a language fun and fast.

 Quick
It makes learning
a language fun and fast.

021
날짜와 요일을 알고 싶으세요?

언제?
Quand? [깡?]

시간을 나타내는 대표적인 의문사 **quand** 을 배워, 시간을 나타내는 표현들과 함께 활용해볼 것입니다. 더불어 날짜와 요일을 묻고 대답해 볼까요? 1월부터 12월까지 달을 나타내는 표현과 월요일부터 일요일까지 요일을 나타내는 표현들을 배울 것입니다.

언제라고?

우리가 벌써 많은 의문사들을 배웠네요.
사람을 물을 때 쓰는 **qui**, 사물을 물을 때 쓰는 **quoi**, 장소를 물을 때 쓰는 **où**, 가격이나 숫자를 물을 때 쓰는 **combien** 까지 배웠습니다.
이러한 의문사들은 홀로도 사용될 수 있으니, 참 간단한 표현들이죠.

Qui?
[끼?] 누구?

Quoi?
[꾸아?] 뭐라고?

Où?
[우?] 어디라고?

Combien?
[꽁비앵?] 얼마라고?

자, 이제 영어의 **when** 에 해당하는 프랑스어 표현인 **quand** 을 배워볼까요. 위의 표현들이 그런 것처럼 **quand** 은 홀로 쓰여 때를 묻는 표현으로 쓰일 수 있습니다. 그렇다고 우리가 매일 단어 하나로만 말할 수는 없겠죠. 이미 배운 문장들을 기초로 시작해볼까요?
(**quand** [깡] 언제, **ce soir** [스수아흐] 오늘 저녁)

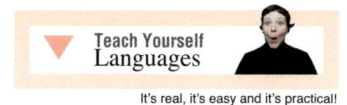

Tu vas où, ce soir?
[뛰바 우, 스수아흐?] 너 오늘 저녁에 어디 가니?

Ce soir, je vais au cinéma.
[스수아흐, 쥬베 오씨네마.] 오늘 저녁에 나 극장에 가.

우리가 앞에서 배운 문장에 때를 나타내는 표현 **ce soir** 를 더했습니다. 어디를 묻는 표현이니 **où** 를 사용했고, 당연히 장소를 대답해야겠죠? 이번에는 언제, 즉 때를 묻는 표현으로 바꿔서 물어볼까요?

Tu vas au cinéma, quand?
[뛰바 오씨네마, 깡?] 너 극장에 언제 가니?

(Je vais au cinéma) Ce soir.
[(쥬베 오씨네마) 스수아흐.] 오늘 저녁에.

유사한 문장입니다. 연습 삼아 주어를 복수로 바꾸었고, 시간을 나타내는 말을 살짝 바꾸었습니다. (**cet été** [쎄떼떼] 올 여름)

Vous allez où, cet été?
[부잘레 우, 쎄떼떼?] 너희들 올 여름에 어디 가니?

Cet été, nous allons en France.
[쎄떼떼, 누잘롱 앙프항스.] 올 여름에 우리 프랑스에 가.

Vous allez en France, quand?
[부잘레 앙프항스, 깡?] 너희들 언제 프랑스에 가니?

(Nous allons en France) Cet été.
[(누잘롱 앙프헝스) 쎄떼떼.] 올 여름에.

이렇듯 문장 뒤에 **quand** 을 붙이면서 시간을 묻는 문장을 간단히 사용할 수가 있습니다. 두 문장만 더 연습해볼까요?
(**partir** [빠흐띠르] 떠나다, 출발하다, **demain** [드맹] 내일, **arriver** [아리베] 도착하다, **ce week-end** [스위껜드] 이번 주말)

Tu pars quand?
[뛰 빠흐 깡?] 너 언제 떠나니?

Demain.
[드맹.] 내일.

Ils arrivent quand?
[일자리브 깡?] 개들 언제 도착하니?

Ils arrivent ce week-end.
[일자리브 스위껜드.] 개들 이번 주 주말에 도착해.

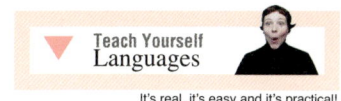

날짜, 요일은요?

시간과 요일에 대한 감각, 프랑스인들과 우리 사이에 가장 커다란 차이 중에 하나일 것입니다. 우리 사회는 바쁘죠? 아이들은 아이들대로, 어른은 어른대로 공부와 일에 쫓기어 바쁜 하루하루를 보냅니다. 방학에 학생들은 더욱 바쁘죠. 학원과 과외공부 스케줄이 학생들에게 틈을 주지 않습니다. 바캉스에 한가하게 독서하거나 휴식을 취하기보다 차를 몰며 한 군데라도 더욱 보러 다녀야 하죠. 주중에 프랑스 사람들도 물론 일에 몰두합니다. 퇴근 후에 영화를 보거나 공연을 감상하기도 하지만 대부분은 집으로 돌아와 늦지 않게 잠자리에 들죠. 주말에 충분한 잠을 자고 휴식을 취하며, 휴가철에 또한 일과 도시를 떠나 자연의 리듬 속에서 휴식을 취합니다. 부럽죠?!... 날짜와 요일을 묻고 대답해 볼까요?

(**combien** [꽁비앵] 얼마, **mars** [마흐스] 3월, **aujourd'hui** [오주흐디] 오늘, **décembre** [데쌍브흐] 12월)

On est le combien?
[오네 르꽁비앵?] 며칠이죠?

On est le 2 mars.
[오네 르되 마르스.] 3월 2일이야.

Quel jour est-ce aujourd'hui?
[깰 주흐 에스 오주흐디?] 오늘 며칠이죠?

Aujourd'hui, c'est le 3 décembre.
[오주흐디, 쎄 르트루아 데쌍브흐.] 오늘, 12월 3일이야.

날짜를 이야기하려면 기본적으로 달을 프랑스어로 말할 수 있어야겠죠? 1월부터 12월까지 달을 프랑스어로 공부해볼까요?

janvier [장비에] 1월
février [페브리에] 2월
mars [마르스] 3월
avril [아브릴] 4월
mai [메] 5월
juin [쥐앵] 6월

juillet [쥐이에] 7월
août [우뜨] 8월
septembre [쎄땅브흐] 9월
octobre [옥또브흐] 10월
novembre [노방브흐] 11월
décembre [데쌍브흐] 12월

달만을 물을 때는 이렇게 묻습니다.
(**mois** [무아] 달, **janvier** [장비에] 1월)

En quel mois nous sommes?
[앙 껠무아 누솜므?] 몇 월이지?

Nous sommes en janvier.
[누솜므 앙장비에.] 1월이야.

요일을 물을 때도 위에서 사용한 날짜를 묻는 표현과 똑같습니다. 좀 더 구체적으로 표현하기 위해 '주'에 해당하는 프랑스어 표현을 덧붙이기도 합니다.
(**samedi** [싸므디] 토요일, **de la semaine** [드라스맨느] 주)

Quel jour (de la semaine) est-ce aujourd'hui?
[껠주흐 (드라스맨느) 에스 오주흐디?] 오늘 무슨 요일이죠?

Aujourd'hui, c'est samedi.
[오주흐디, 쎄 싸므디.] 오늘은 토요일이야.

요일을 프랑스어로 또한 익혀야겠죠?

lundi	[렝디]	월요일
mardi	[마흐디]	화요일
mercredi	[메흐크르디]	수요일
jeudi	[죄디]	목요일
vendredi	[방드흐디]	금요일
samedi	[싸므디]	토요일
dimanche	[디망쉬]	일요일

프랑스인들의 어떤 요일!

프랑스인들에게는 요일 별로 특징이 있습니다.

먼저 수요일에 초등학교 학생들은 학교에 가지 않습니다.
학교에 안 가면 TV 앞에 있을까요, 아님 학원에? 아닙니다.
수요일에 어린이들은 시에서 운영하는
문화센터에서 생활하거나,
박물관 견학 등을 합니다. 좋겠죠?
그리고 수요일에 새로운 영화가 시작되고,
일주일의 문화 프로그램 책자
'빠리스꼬프'나 '오피씨엘 데스펙따끌' 등이 나옵니다.
문화 프로그램에 맞춰 일주일의 생활을 준비할 수 있습니다.

금요일에 프랑스인들은 오랜 습관으로 생선을 먹습니다.
물론 다른 요일에 먹을 수도 있지만 금요일에 학생식당이나
구내식당에서는 꼭 생선을 준비합니다.

토요일, 일요일 아침에 늦잠을 자는 것은 다 아시죠?
가능하면 서로에게 전화하는 것을 피할 정도입니다.

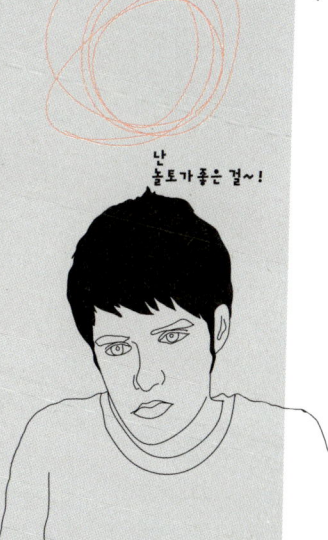

022 Allô?

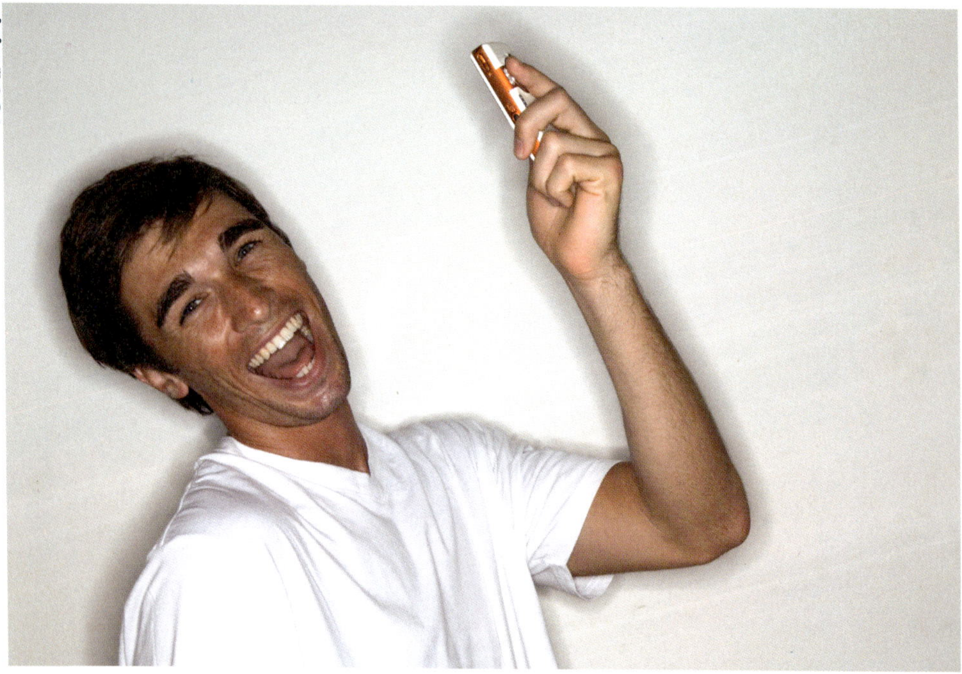

 **Easy** It makes learning a language fun and fast.
 **Fun** It makes learning a language fun and fast.
 **Quick** It makes learning a language fun and fast.

022 전화를 걸어볼까요?

여보세요? Allô? [알로?]

다른 경우도 그렇지만 전화를 걸 때는 그 때만 사용하는 특별한 표현들이 있습니다. 그리고 있으면 바꿔주고, 없으면 메모를 남기는 등 경우의 수가 한정되어 있죠. 다른 프랑스어 표현을 몰라도 매 번의 경우를 외워 그대로 쓰면 정말 신기할 만큼 순서대로 자연스레 대화가 됩니다. 한번 프랑스 사람과 전화해보시겠어요?

Take the Pleasure of Learning! It makes learning a language fun and fast.

누구세요?

프랑스 사람들은 전화보다 편지 쓰는 것을 좋아하는 것 같습니다. 특히 생일 등으로 사람을 초대할 때도 간단한 초대장을 만들어 보내거나 직접 전달하죠. 관공서도 전화로 문의하는 경우보다 편지를 쓰고 편지로 답장을 받는 경우가 많습니다. 이메일과 핸드폰 등으로 첨단을 달리는 우리와 비교할 때 프랑스인들은 조금 구식처럼 보이죠. 편지를 쓰는 즐거움과, 특히 받는 기쁨이 적은 것은 아니지만,
전화기를 들고 싶은 유혹에 어찌 저항할 수 있겠습니까?

친구에게... 전화를 걸었을 때 물론 친구의 목소리를 알아들었으면 긴 이야기가 필요 없죠. 곧바로 이야기를 시작하면 됩니다.
(**allô** [알로] 여보세요)

Allô? Bonjour! Sylvie?
[알로? 봉주흐! 씰비?] 여보세요? 안녕하세요. 실비?

Oui, c'est moi. C'est qui?
[위, 쎄무아. 쎄끼?] 예, 저예요. 누구세요?

C'est Arie.
[쎄 아리.] 아리야.

Bonjour Arie!

[봉주흐 아리!] 안녕, 아리.

프랑스어로, 특히 전화로 '여보세요?' 할 때는 '알로?' 라는 표현을 씁니다. 전화를 받는 쪽도 수화기를 들면서 '알로? 봉주흐!' 로 인사를 먼저 하죠. 모르는 말이 없을 정도로 간단합니다. 하지만 전화 통화가 늘 이렇게 간단하게만 이루어지지는 않습니다. 친구 부모님이나 다른 사람이 받을 수도 있죠. 서로 얼굴을 볼 수 없으니 더욱 공손하게 표현해야 할 것입니다.
(**parler** [빠흘레] 말하다, **de la part de** [들라빠흐 드] ~로부터, **quitter** [끼떼] 떠나다, **passer** [빠쎄] 전하다)

Allô? Bonjour!
Je voudrais parler à Sylvie.

[알로? 봉주흐! 쥬브드레 빠흘레 아씰비.]
여보세요? 안녕하세요! 실비하고 통화하고 싶은데요.

De la part de qui?

[들라빠흐 드끼?] 누구니?

C'est Arie.

[쎄 아리.] 아리입니다.

Ne quitte pas. Je te passe Sylvie.

[느끼뜨빠. 쥬뜨빠스 씰비.] 기다리렴. 내가 실비 바꿔줄 테니.

'쥬브드레'를 쓰면 상냥한 표현이라고 앞에서 말했습니다. 전화통화에서만 쓰이는 독특한 표현들이 나왔군요.
'들라빠흐 드끼?'는 '~로부터', '~편에서' 라는 뜻입니다. 전화통화에서는 전화를 건 사람을 물을 때 '누구세요?' 라는 뜻으로 관용적으로 쓰입니다. 그렇게 물어올 때 위에서처럼 간단하게 '아리입니다.' 라고 이름을 말해주면 되겠죠. 실비 부모님이 받았나보죠? '느끼뜨빠.'에서 '끼뜨'는 '떠나다' 라는 뜻입니다. 부정으로 표현했으니 전화기를 떠나지 마라, 즉 기다리라는 의미로 쓰인 것이죠. '쥬뜨빠쓰 실비.'는 '너에게 실비를 넘긴다.' 는 말이니 '바꿔준다' 는 뜻입니다. '빠쓰'는 영어의 '패스'와 같은 의미로 쓰인 것이고요. 이 문장에서 '실비'를 la 로 받아 '쥬뜨라빠쓰.' 라고 사용해도 됩니다. 위의 문장들 모두 전화통화에서만 쓰이는 문장이니 간단하게 외워버리는 것이 좋겠죠.

'알로 스톱'

오토 스톱은 앞에서 설명했으니 히치하이크를 말한다는 것을 아시겠죠?
그러면 '알로 스톱'은 무엇일까요?

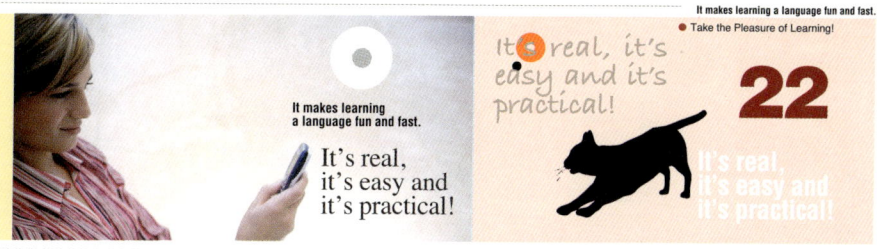

'스톱' 이 차를 타는 것과 관련된 것은 알겠고, '알로' 는 전화를 걸 때 사용하는 말인데 '알로 스톱' 은?!... 또 알로가 나오네요. 공부 먼저하고 설명하죠.
(aisser [레쎄] 남긴다, message [메싸쥬] 메시지, rappeler [하쁠레] 다시 부르다)

Allô? Bonjour! Sylvie est là?
[알로? 봉주흐! 씰비엘라?] 여보세요? 안녕하세요! 실비 있어요?

Non, elle n'est pas là. De la part de qui?
[농, 엘네빨라. 드라빠흐 드끼?] 아니, 없는데. 누구지?

C'est Arie.
[쎄 아리.] 아리입니다.

Tu veux laisser un message?
[뛰브 레쎄 엥메싸쥬?] 너 메시지를 남길래?

Non, je la rappelle tout à l'heure.
[농, 쥬라 하뺄르 뚜딸뢰흐.] 아니요, 제가 조금 있다 다시 전화할게요.

Sylvie est là? 라는 표현은 더욱 간단하죠. 실비가 있으면 앞에서처럼 Ne quitte pas. Je te la passe. 라고 하겠죠? 자, 친구가 없으니 어떻게 할까요?

상대방이 메시지를 남기지 않겠냐고 묻고 있네요.
'뛰브 레쎄 엥메싸쥬?' 에서 '뛰브' 는 앞에서 배운 '부불레' 나 '쥬부드레' 에서처럼 '원하다' 라는 뜻을 가진 말입니다. 다음에 명사가 올 수도 있고, 동사가 올 수도 있습니다. 동사의 경우 원형이 오죠. '메시지를 남길래?' 하고 물은 것입니다.

그 다음 문장에서 '쥬라 하뻴르' 는 '다시 부르다' , 여기서는 '그녀에게 다시 걸다' 라는 뜻으로 쓰였고, '뚜딸뢰흐' 는 '조금 후에' 라는 뜻입니다. 실비를 조금 후에 다시 부른다는 말이니, 메시지를 남기지 않고 다시 걸겠다는 뜻이겠죠. 다시 한 번 발음해볼까요? '쥬라 하뻴르 뚜딸뢰흐.' 이 정도면 웬만한 전화 통화는 충분합니다.

그럼 지금은 많이들 활용하지 않지만 '알로 스톱' 에 대해 알아보죠.
우선 차 없는 사람과 차 있는 사람 각자가 2만 원 정도의 비용을 내고 '알로 스톱' 에 회원으로 가입합니다. 그리고 차 없는 사람이 주말에 파리에서 마르세유로 갈 때 '알로' 하고 '알로 스톱' 사무실에 전화를 합니다. 차 있는 사람 중에 어떤 사람도 주말에 파리에서 마르세유에 갈 일이 있겠죠. 그 사람이 사무실에 전화를 합니다. 이렇게 전화를 받은 '알로 스톱' 사무실에서 시간과 방향이 맞는 두 사람을 엮어 상대방의 전화번호를 알려줍니다. 그러면 누구든지 먼저 '알로' 하고 상대에게 전화를 해서 만날 장소와 시간을 정한 다음, 만나서 마르세유로 내려가면 됩니다. 차를 얻어 타는 사람은 킬로미터 당 얼마로 계산해서 운전자에게 지불하게 되죠. 얻어 타는 사람은 떼제베(TGV) 요금의 1/3 정도 가격이면 되니 돈을 절약해서 좋고, 태워주는 사람은 믿을 만한 동행이 생기고, 기름 값의 일부를 벌어서 기분 좋죠. 이럴 때 '누이 좋고 매부 좋고' 라고 하나요?...

전화로 초대하기!

처음처럼 실비와 직접 통화가 되었습니다. 계속 대화를 나누어볼까요?
(**inviter** [엥비떼] 초대하다, **chouette** [슈에뜨] 근사한, **pourquoi** [뿌흐꾸아] 왜, **aujourd'hui** [오주흐디] 오늘, **anniversaire** [아니베흐세흐] 생일, **avec** [아베끄] ~와 함께, **plaisir** [쁠레지흐] 기쁨)

Allô? Bonjour! Sylvie?
[알로? 봉주흐! 씰비?] 여보세요? 안녕하세요. 실비?

Oui, c'est moi. C'est qui?
[위, 쎄무아. 쎄끼?] 예, 전데요. 누구세요?

C'est Arie.
[쎄 아리.] 아리야.

Bonjour Arie!
[봉주흐 아리!] 안녕, 아리.

Je t'invite au Fouquet's ce soir.
[쥬땡비뜨 오푸케 스수아흐.] 내가 오늘 저녁 너를 푸케에 초대하려고.

C'est chouette! Mais pourquoi?
[쎄 슈에뜨! 메 뿌흐꾸아?] 근사한데! 그런데, 왜?

Aujourd'hui, c'est mon anniversaire.
[오주흐디, 쎄 모아니베흐세흐.] 오늘 내 생일이야.

Avec plaisir!
[아베끄 쁠레지흐!] 기꺼이 가지.

실비가 아리로부터 레스토랑 푸케에 초대를 받았군요. 푸케는 샹젤리제에 있는 고급 레스토랑으로서, 프랑스뿐만 아니라 세계적으로 유명한 연예인들이 와서 식사를 하는 파리의 명소 중에 한 곳입니다. 글쎄요? 포도주와 함께 한 끼 식사를 하는데 적어도 7만 원 정도 하죠. 중요한 것은 시간적으로 공간적으로 아주 여유 있게 서비스를 받을 수 있다는 것입니다. 일생에 몇 번 없는 기회인데 얼마나 멋진 일이겠습니까? 이럴 때는 힘차게 '쎄 슈에뜨' 하며 반가워해야지요. 더군다나 생일이기 때문에 한 초대이니 어찌 사양할 수 있겠습니까? '아베끄 쁠레지흐', '기꺼이' 초대에 응해야겠죠? '초대하다' 는 '엥비떼' 동사를 사용합니다. 자, 여러분들을 푸케로 초대합니다!
(**dîner** [디네] 저녁식사)

Tu m'invites au dîner?
[뛰멩비뜨 오디네?] 너 저녁식사에 나 초대할거지?

Bien sûr, je t'invite.
[비엥 쒸흐, 쥬땡비뜨.] 당근이지, 내가 너 초대할게.

Je vous invite au Fouquet's!
[쥬부엥비뜨 오푸케!] 내가 당신들을 푸케에 초대합니다!

Au Fouquets

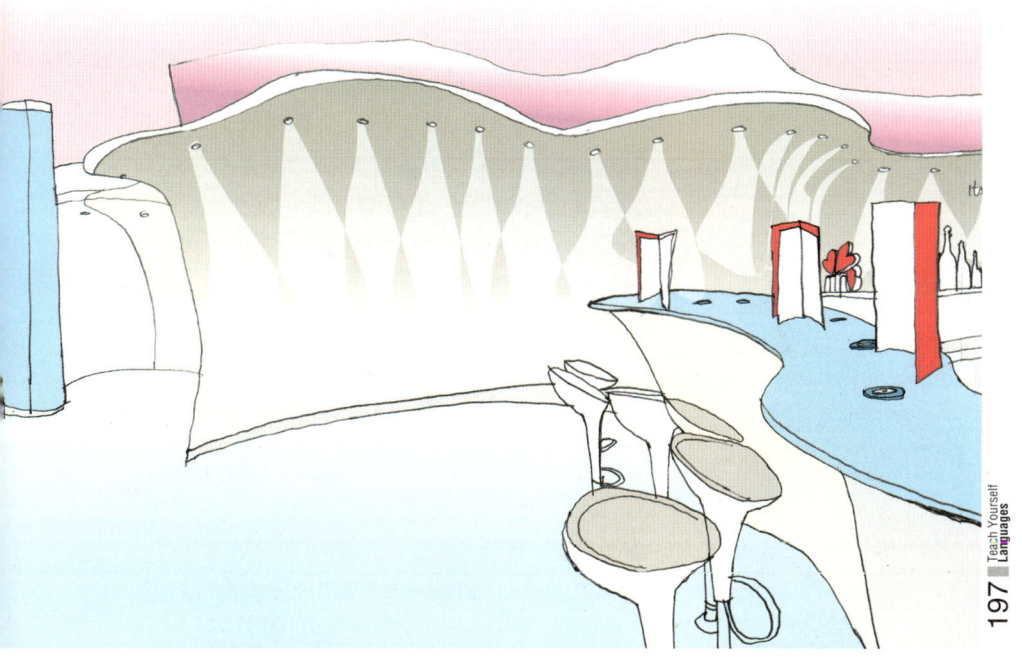

023
레스토랑에서 음식을 주문합니다.

레스토랑 푸케에서
Au Fouquet's [오푸케]

프랑스에서 레스토랑을 이용할 때,
가장 중요한 것 하나는 예약입니다.
좋은 식당일수록 더욱 그렇죠.
먼저 예약에 사용되는 표현들을 배워보겠습니다.
그리고 배고프다 또는 목이 마르다 정도의 표현은 알아야겠죠?
식사를 주문할 때 역시 관례적인 표현들이 있습니다.
전식, 중식, 후식, 음료 등을 주문하는 표현들을 공부해보겠습니다.

예약을 하지 않으면...

프랑스는 예약 문화가 아주 발달되어 있습니다. 의사 선생님을 만날 때, 그림 전시를 보러갈 때, 공연을 관람할 때, 기차를 탈 때 그리고 좋은 식당에 갈 때, 항상 예약을 해야 합니다. 귀찮을까요? 결코 아닙니다. 병원에 도착해서야 사람들이 밀려 있는 것을 보고 할 수 없이 20~30분 기다려야 하는 것보다 간단한 전화 한 통이 훨씬 편리합니다. 더군다나 1~3분에 한 명씩 진료를 하는 것이 아니라 내게 정해진 시간, 즉 최소한 15~20분 정도의 진료를 여유 있게 받을 수 있으니 얼마나 안심이 됩니까? 그리고 마음먹고 좋은 식당을 찾았는데 자리가 없어 발길을 다른 식당으로 돌려야 한다면 낭패겠죠? 우리 사회도 예약 문화에 점점 익숙해져가고 있지 않은가요? 전화로 예약부터 해보죠!

Allô? Bonjour!
Je voudrais réserver une table à 19 heures ce soir pour deux personnes.

[알로? 봉주흐! 쥬부드레 헤제흐베 윈따블 아디즈뇌뵈흐 스수아흐 뿌흐 되 뻬흐손.]

여보세요? 안녕하세요! 제가 오늘 저녁 일곱 시에 두 사람 자리를 예약하고 싶습니다.

C'est possible. C'est à quel nom?
[쎄뽀씨블. 쎄따 깰농?] 가능합니다. 누구 이름으로 예약할까요?

Mademoiselle Arie.
[마드무아젤 아리.] 아리요.

Merci. À tout à l'heure.
[메흐씨. 아뚜딸뢰흐.] 고맙습니다. 이따 뵙겠습니다.

À tout à l'heure.
[아뚜딸뢰흐.] 이따 뵙겠습니다.

너무 긴 문장이라 지레 겁을 먹지 않았습니까? 잘 살펴보죠. 대부분 배운 표현이라 대충 알겠군요. **réserver** 라는 단어가 '예약하다' 라는 의미인 것만 알면 문장이 길어도 어려움이 없죠. '자리를 예약하고 싶다.' 라고 할 때 간단히 '쥬부드레 헤제흐베 윈따블.' 이라 합니다.
그 뒤에는 시간과 올 사람의 숫자를 말하면 됩니다. '세 사람' 이면 **pour trois personnes** [뿌흐 트루아 뻬흐손]이 되고 네 사람이면 **pour quatre personnes** [뿌흐 꺄트흐 뻬흐손]이 됩니다.
'내일 저녁 8시에 5명 자리를 예약하고 싶다.' 라고 말해볼까요?
시작은 무조건 '쥬부드레 헤제흐베 윈따블.' 입니다.

Je voudrais réserver une table à vingt heures demain pour cinq personnes.
[쥬부드레 헤제흐베 윈따블 아벵뙤흐 드맹 뿌흐 쌩끄 뻬흐손.]
제가 내일 저녁 8시에 다섯 명 자리를 예약하고 싶은데요.

어렵지 않죠? 그에 대한 대답으로 '가능해요.' 라고 표현할 때 '쎄뽀씨블' 이라고 합니다. 일상적인 대화에서 많이 쓰는 표현이죠. '누구 이름으로 예약할까요?' 에서 중요한 것은 '누구 이름' 입니다. '쎄 따 끼? ' 생각나나요? '누구 거니? 라는 뜻이죠. 이때 **c'est à qui** 에서 **à** 가 소유의 의미를 갖는다고 했습니다. 여기서도 마찬가지입니다. 예약이 누구 것으로 되느냐고 묻는 것이니 **à** 를 사용합니다. 간단하게 **À quel nom?** 으로 물어도 됩니다. 물론 대답은 간단하게 이름만 이야기하면 되죠. 예약을 마쳤으니 이따 저녁에 보자고 인사하고 전화를 끊습니다. '이따' 는 바로 앞 과에서 배웠습니다. '뚜딸뢰흐' 죠. '이따 보자.' 라고 인사할 때는 '아뚜딸뢰흐' 가 됩니다.

À tout à l'heure!

[아뚜딸뢰흐] 이따 보자!

야채 수프 주세요~!

식당에 들어서면 '갸흐쏭' 이 주문을 받겠죠? 그런데 이게 어쩐 일입니까? 생각한 것보다 가격이 훨씬 비싸네요. 초대받은 실비는 신이 났군요. 자! 주문이 시작됩니다.

Vous prenez un apéritif?

[부프흐네 엥나뻬리띠프?] 당신은 아페리티프로 무엇을 드시겠습니까?

Pour moi, non, merci. Et toi, Sylvie?

[뿌흐무아, 농, 메흐씨. 에뚜아, 씰비?] 난 됐어요. 고맙습니다. 실비, 넌?

Moi, je prends un kir.

[무아, 쥬프항 엥끼흐.] 난 끼르 마실래.

'갸흐쏭' 이 '끼르 한 잔' 하며 적겠죠?
'먹다', '마시다' 는 '쥬프항', '부프흐네' 로 표현한다고 앞에서 배웠습니다. '끼르' 는 프랑스 아이産 백포도주와 까막까치밥나무 열매의 빨간 즙으로 만든 아주 고급스런 아페리티프입니다. 달콤해서 여성들도 좋아합니다. 아페리티프 주문이 끝났으니 앙트레를 주문할까요?

Pour commencer, que désirez-vous?

[뿌흐 꼬망쎄, 끄 데지레부?] 앙트레로 당신은 무엇을 드시겠습니까?

Je prends du foie gras pour commencer.

[쥬프항 뒤푸아그라 뿌흐꼬망쎄.] 앙트레로 난 거위 간 먹을래요.

Et ensuite?

[에 앙쉬뜨?] 그 다음은 무엇을 드시겠습니까?

Je prends un homard.

[쥬프항 엥오마흐.] 난 바다가재 먹을래요.

좋은 식당에서 이 정도 먹으면 엄청나게 나오겠죠? 앙트레를 주문할 때 **comme entrée** [꼼므 앙트레] 라는 표현도 있지만 여기서는 '시작하기 위해', '우선' 의 뜻을 가진 '뿌흐 꼬망쎄' 를 사용했습니다. 그리고 주식을 무엇으로 할 것인지를 물을 때는 '그리고 다음은' 이라는 의미를 가진 '에 앙쉬뜨' 라는 표현을 씁니다. 그렇게 어렵지 않죠. 미리 무엇을 주문할 것인지 프랑스어로 준비했다가 간단하게 대답하면 됩니다. 실비는 돈 걱정하지 않고 먹고 싶었던 것으로 마음대로 시킬 수 있지만 초대를 한 아리는 그렇지가 않네요.

Et pour Mademoiselle?

[에 뿌흐 마드무아젤?] 그리고 아가씨는요?

Je n'ai pas très faim.
Je prends un potage de légumes.

[쥬네빠 트레펭. 쥬프항 엥뽀따쥬 드 레귐.] 난 배가 많이 고프지 않네. 난 야채 수프 먹을래요.

물만 먹고 가지요.

생일날 야채 수프로 때우게 생겼습니다. '배고프다', '목마르다' 는 많이 쓰는 표현이죠. 간단하게 연습해 볼까요?

J'ai faim. On prend un sandwich?

[제펭. 옹프항 엥쌩드위치?] 배고픈데, 우리 샌드위치 먹을까?

Non, moi, j'ai soif.
Je prends un jus d'orange.

[농, 무아, 제수아프. 쥬프항 엥쥐도항쥬.]
아니, 난 목말라. 오렌지 주스 마실래.

아직 음료와 후식 주문이 남았습니다. 실비는 포도주를 주문하는데 아리는 물만 마시겠군요.

Et comme boisson?

[에 꼼므 부아쏭?] 음료수는 무엇을?

Je prends du vin.

[쥬프항 뒤뱅.] 난 포도주.

Moi, de l'eau, s'il vous plaît.

[무아, 들로, 씰부쁠레.] 미안하지만, 난 물 주세요.

물이라고 다 공짜가 아닌 것 아시죠. '에비앙' 이나 '볼빅' 과 같이 상품화된 물들은 여타의 음료수만큼이나 비싼 가격을 주어야 합니다. 그러니 그냥 병에 담아 공짜로 주는 물을 달라고 해야겠죠.

Une carafe d'eau, s'il vous plaît.
[원까라프 도, 씰부쁠레.] 미안하지만, 물 한 병 주세요.

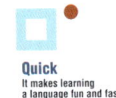

이제 마지막으로 디저트를 주문합니다.

Et comme dessert?
[에 꼼므 데쎄흐?] 후식으로 무엇을 하시겠습니까?

Je prends du gâteau au chocolat. Et toi, Arie?
[쥬프항 뒤갸또 오쇼꼴라. 에뚜아, 아리?] 난 초콜릿 케이크 먹을래. 아리 넌?

Non, je prends de l'eau.
[농, 쥬프항 들로.] 아니, 난 물 마실래.

오늘 저녁 아리가 너무 무리했죠? 푸케에 와서 물만 먹고 가네요. 분위기도 좋지만 주머니 사정도 고려했어야 하는데... 푸케에서 싸게 먹을 수 있는 방법이 있습니다. 푸케의 절반은 카페처럼 운영되고 있거든요. 끼르 한 잔 시켜놓고 사진 한 장 찰칵 찍으면 모두 푸케에서 식사한 줄 알겠죠?

024
Ne me quitte pas!

024
명령, 간청을 표현하고 싶으신가요?
날 떠나지 마!
Ne me quitte pas! [느므 끼뜨빠!]

명령문을 만드는 방법은 간단합니다. 약간씩 변화하는 것이 있지만 주어를 생략하면 되죠. 명령할 때, 간청할 때, 기원할 때 모두 이러한 형태의 문장을 씁니다. 때로 명사만을 사용하여 명령문을 만드는 경우도 있죠. 우리말에서 '조용!'처럼 말이에요. 급하고, 강하게 표현할수록 문장이 짧아지는 것은 프랑스나 우리나 마찬가지인가 봅니다.

Take the Pleasure of Learning! It makes learning a language fun and fast.

알레! 알레! 알레!

앞에서 배운 문장을 한번 상기해볼까요?
전화를 끊지 말라는 표현으로 **Ne quitte pas.** 라는 말을 사용했죠.
주어 없이 사용된 부탁의 의미를 담고 있는 문장입니다. 오토 스톱할 때 배낭 뒤에 붙였던 **Vive la France!** 는 드골 대통령이 연설이 끝날 때마다 즐겨 사용했던 문장입니다. '프랑스 만세!' , '프랑스여 영원 하라!' 라는 바램, 기원을 담고 있죠. 어쨌든 이러한 문장의 특징은 주어가 생략되어 쓰였다는 것입니다. 자! 주어 없이 사용되는 문장으로 또 어떤 것들이 있는지 살펴볼까요? 의외로 많은 문장들이 일상생활 속에서 주어 없이 사용된답니다.
(**écouter** [에꾸떼] 듣다, **regarder** [흐갸흐데] 바라보다, **attention** [아땅시옹] 주의)

Écoute bien!
[에꾸뜨 비엥!] 잘 들어봐!

Regarde!
[흐갸흐드!] 봐!

Fais attention!
[페 아땅시옹!] 조심해!

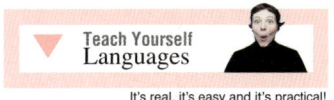

Allez!

[알레!] 자, 힘내!

'알레', 어디서 들어보지 않았습니까? 리키 마틴이 부른 1998년 프랑스 월드컵의 주제가 '생명의 컵'에 나오는 말이죠. 최정상까지 이르기 위해 멈추지 말고 계속 밀고 나가야 하는 선수들을 격려하기 위해 사용된 말입니다. 영어로 **go! go! go!** 와 같은 표현이죠. 여기까지 프랑스어를 익히느라 힘이 들었죠. 많이 남지 않았습니다. **Allez! Allez! Allez!** 앞의 세 문장이 한 개인에게 하는 말인데 비해 마지막의 '알레'는 여러 사람을 격려하기 위한 말이라는 것을 알 수 있겠죠? 프랑스 국가인 '라 마르세이에즈'의 처음은 이렇게 시작합니다.

(**patrie** [빠트리] 조국, **jour** [주흐] 날, **gloire** [글루와흐] 영광)

Allons enfants de la patrie!

[알롱 장펑 들리빼트리!] 자, 나가자 조국의 아들들아!

Le jour de gloire est arrivé.

[르주흐 드글루와흐 에따리베.] 영광의 날이 왔다.

위의 노랫말에서 '알롱'은 '알레'와 같은 뜻이지만 '나'를 포함한 의미지요. 앞에서 배운 **nous allons** [누잘롱] 기억나십니까? '우리 함께 가자!' 라는 뜻입니다.

주어가 쓰이지 않은 문장은 이렇듯 한 개인, 또는 다수의 여럿, 또는 나를 포함한 우리에게 가벼운 명령이나 부탁, 청원, 격려 등의 의미로 쓰입니다.

내 친구 건들지 마!

부정적인 의미로 주어가 없이 문장을 사용할 때는 **Ne quitte pas** [느끼뜨빠]에서처럼 동사의 앞뒤에 **ne ~ pas** 를 붙이면 됩니다. '내 친구 건들지 마!' 라고 프랑스어로 말해볼까요? (**toucher** [뚜쉐] 만지다)

Ne touche pas à mon copain!

[느뚜쉬빠 아몽꼬뺑!] 내 친구 건들지 마!

'내 친구' 라는 말을 알고 있으니 '건들다' 라는 표현만 배우면 쉽게 사용할 수 있지요. 이 문장은 프랑스의 젊은이들이 프랑스 사회에서 소외당하는 외국인들, 특히 아프리카나 아랍인 친구들을 위해 프랑스 사회에 경고의 메시지를 보내기 위해 사용된 문장입니다. 한 사회의 가치를 담고 있는 문장이니 외워둘 필요가 있겠죠? 부정적인 표현으로 한 예를 더 들겠습니다.

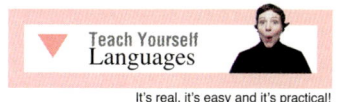

Ne me quitte pas!

[느므 끼뜨빠!] 날 버리지 말아줘!

앞에서 배운 '느끼뜨빠'에 '나를'이라는 말 '므'가 더해졌습니다. 자끄 브렐이라는 프랑스의 유명한 가수가 불러서 전 세계적으로 알려진 샹송 제목이죠. 프랑수아 미테랑 대통령은 이 문장을 재선 선거 구호로 사용해서 당선되었답니다. 앞에다 '똥똥'이란 말을 덧붙이고, 인자한 프랑수 미테랑의 사진을 배경으로 했죠. 타락하고 거짓말 잘하는 정치인이 아니라 인자한 삼촌, 아저씨 같은 미테랑의 이미지와 프랑스를 버리지 말아달라는 국민의 간절한 소망을 묘하게 접목시킨 광고 문장이었습니다.

Tonton, ne me quitte pas!

[똥똥, 느므 끼뜨파!] 아저씨, 날 버리지 마세요.

날 내버려두란 말이야!

약간 예외적인 문장들을 알아볼까요?
(**sage** [싸쥬] 현명한)

Les enfants, soyez sages!

[레장팡, 수아이에 싸쥬!] 얘들아, 착하지!

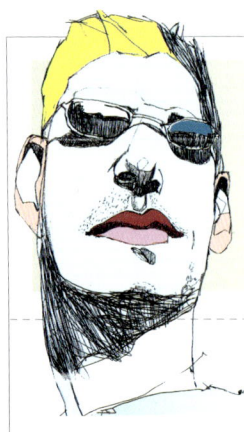

Teach Yourself Languages

아이들을 상대로 말한 문장이니 **Vous êtes sages.** 에서 주어를 떼어낸 것인데 동사가 바뀌었죠? 같은 동사이지만 주어가 없는 문장에서 변형되어 쓰인 것입니다. '애야 착하지!' 라고 할 때도 마찬가지입니다.

Sois sage!

[수아 싸쥬!] 애야, 착하지!

프랑스인들이 주어 없이 사용하는 문장 중에 가장 많이 사용하는 문장은 어떤 문장일까요? 타인의 간섭과 방해를 받기 싫어하는 프랑스인들은 이런 종류의 문장을 많이 사용한답니다.
(**tranquille** [트항낄] 조용한, **foutre** [푸트흐] 하다, **paix** [빼] 평화)

Laisse-moi tranquille!

[레스무아 트항낄!] 날 조용히 있게 해줘!

Fous-moi la paix!

[푸무아 라빼!] 날 내버려두란 말이야!

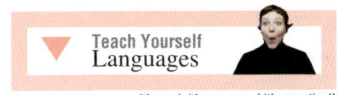

우선 주목할 것은 주어가 없는 문장이 긍정적으로 쓰였을 때 '나를' [무아]가 동사 뒤로 자리를 옮긴 것입니다. 그리고 약간 형태도 바뀌었죠. 물론 앞에서 부정으로 쓰인 문장에서는 '나를' 이 보통의 문장에서처럼 동사 앞에 있었습니다. 두 번째 문장에서 '라뻬' 는 '평화' 라는 뜻입니다. 나를 평화롭게 해달라는 말이니, 내버려달란 소리겠죠? 프랑스에서 아주 많이 듣고, 많이 쓰게 되는 문장입니다. 발음해볼까요? 공부하고 있으니까! '푸무아 라뻬!'

나홀로 명사!

주어가 없으니 말이 짧아서 암기하고 사용하기가 편하죠?
그러면 동사마저 빼버리면 어떨까요? 간단하게 한 단어 또는 두 단어에 원하는 것만을 담는다면 훨씬 좋겠죠? '반가워요' 대신에 '방가' 하지 않습니까?
(**appétit** [아뻬띠] 식욕, **santé** [쌍떼] 건강, **année** [아네] 년, **voyage** [봐이아쥬] 여행)

Bon appétit!
[보나뻬띠!] 맛있게 드세요!

A votre santé!
[아보트흐 쌍떼!] 건배!

Bonne année!
[보나네!] 새해 복 많이 받으세요!

Bon voyage!

[봉 봐이아쥬!] 즐거운 여행되시길!

Joyeux anniversaire!

[주아이에 자니베흐세흐!] 생일 축하합니다!

아름다운 말들이죠. 상대방을 조금 당혹스럽게 만드는 말들도 있습니다.
(**gueule** [꿸] 주둥이, **silence** [씰랑스] 침묵)

Ta gueule!

[따꿸!] 주둥이 닥쳐!

조용히 하라는 소리를 모두 이렇게 표현하지는 않습니다. 보통의 경우는 다음과 같은 표현을 쓰죠.

Silence!

[씰랑스!] 조용히 하세요!

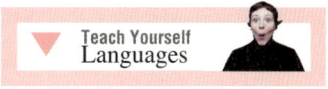

It's real, it's easy and it's practical!

프랑스 대혁명 당시에 당통이라는 정치인은 혁명이 더욱 앞으로 나가야 한다는 것을 독려하기 위해 다음과 같이 말했습니다.
(**audace** [오다스] 용기, **toujours** [뚜주흐] 항상)

**De l'audace!
Encore de l'audace!
Toujours de l'audace!**

[드로다스! 앙꼬흐 드로다스! 뚜주흐 드로다스!]
과감하게! 더 과감하게! 항상 과감하게!

좀 더 과감하게, 과감하게 용기를 내어 프랑스어로!!!!...

- **Easy** It makes learning a language fun and fast.
- **Fun** It makes learning a language fun and fast.
- **Quick** It makes learning a language fun and fast.

025
호텔의 방을 구하려는데…
만원입니다! Complet! [꽁쁠레!]

Easy
It makes learning a language fun and fast.

Fun
It makes learning a language fun and fast.

Quick
It makes learning a language fun and fast.

프랑스 호텔, 대부분의 경우 우리 일류 호텔처럼 화려하지 않습니다. 하지만 약간씩 낡고 오래된 것이 오히려 이국적인 느낌을 강하게 주죠. 호텔이 만원인 경우는 문에 **Complet!** [꽁블레]라고 써 붙입니다. 그렇지 않은 경우 들어가서 몇 명이, 며칠을, 얼마 정도의 가격으로 이용할 수 있는지 알아보아야겠죠?

 Take the Pleasure of Learning!
It makes learning a language fun and fast.

방 있어요?

1997년 파리에서 공부를 마치고 김포공항에 도착해서 무척 놀랐습니다. 공항 주변에 있는 차들의 종류나 크기 등이 휴양도시인 니스나 모나코 정도 되어 보였기 때문이죠. 작고 낡은 차들이 많이 눈에 띄는 파리와는 달랐습니다. 새 차에 대한 선호도나 차의 크기만을 비교한다면 프랑스는 우리보다 가난한 나라처럼 느껴집니다. 오죽했으면 프랑스의 한 상공부 장관이 한국을 방문했을 때 자신이 한국의 상공부 장관이라면 전혀 걱정하지 않을 것이라고 했겠습니까? 집도 비슷하죠. 오래되어 협소하고 방음조차 되지 않는 파리와 파리 주변 도시들의 아파트에 비해 한국의 아파트는 크기와 편의 시설들을 고려할 때 프랑스 상류층들의 거주지로 여겨질 정도니까요. 건물을 쉽게 허물고 지을 수 없는 프랑스인들은 대신 인테리어 분야에서 아주 빼어난 재주를 보인답니다. 그러고 보니 호텔도 비슷한 것 같습니다. 파리의 호텔들, 오랜 역사를 자랑하는 호텔들이 많기는 하지만 규모와 시설 면에서 서울의 호텔들보다 글쎄요... 자, 파리 호텔에서 방을 잡아볼까요?

(**chambre** [샹브흐] 방, **désolé** [데졸레] 유감스러운, **complet** [꽁쁠레] 만원인)

Bonjour! Je voudrais une chambre, s'il vous plaît.

[봉주흐! 쥬브드레 윈샹브흐, 씰부쁠레.]
안녕하세요! 미안하지만, 제가 방이 필요한데요.

간단하죠. '방' 이라는 단어 '샹브흐' 만 알면 지금까지 배운 표현들을 이용해 아주 우아하게 물을 수가 있습니다. 조금 더 우리말 표현과 가까운 프랑스 문장을 사용해볼까요?

A Self Teaching Guide

Bonjour!
Vous avez une chambre?

[봉주흐! 부자베 윈샹브흐?] 안녕하세요! 방이 있습니까?

노골적으로 '방이 있습니까?' 라고 물었죠?
만일 호텔에 방이 없는 경우는 보통 호텔 문에 '만원' 이라는 표지판을
걸어놓습니다. 표지판을 보지 못해 호텔 카운터로 가서 물었습니다.
그랬더니...

Bonjour!
Je voudrais une chambre,
s'il vous plaît.

[봉주흐! 쥬브드레 윈샹브흐, 씰부쁠레.]
안녕하세요! 미안하지만, 제가 방이 필요한데요.

Je suis désolé.
L'hôtel est complet.

[쥬쒸 데졸레. 로뗄에 꽁쁠레.] 미안하지만, 호텔이 만원입니다.

이런 호텔이 만원이군요. '유감스럽다!' 고 표현할 때 간단하게 **Désolé!**
[데졸레]라고 표현할 수도 있습니다.

몇이냐고요?

그럼 방이 있는 경우는 어떻게 대화가 진행될까요? 카운터 직원이 곧바로 몇 명이 쓸 것인지를 물어오는군요.
(**pour** [뿌흐] ~를 위하여, **personne** [뻬흐손] 사람)

Pour combien de personnes?
[뿌흐 꽁비엥드 뻬흐손?] 몇 분인데요?

Pour deux personnes.
[뿌흐 되 뻬흐손.] 두 사람인데요.

대답으로 사용된 '뿌흐 되 뻬흐손.' 은 앞에서 식당을 예약할 때 배웠죠? 세 사람을 위해서 예약할 때는 **pour trois personnes** 였습니다.
combien de 는 우리말 '몇' 에 해당합니다. 뒤에 사람이란 단어가 와서 '몇 명이 사용할 거죠?' 라는 질문은 위에서처럼 '뿌흐 꽁비엥드 뻬흐손?' 이라고 발음합니다. 간단하죠. 몇 명이 쓰는 방인지 알게 된 카운터의 직원은 며칠이나 쓸 것인지를 묻습니다. 보통 며칠 밤을 묵을 것인지를 묻죠. 자, '몇' 이라는 표현이 '꽁비엥드' 라는 건 방금 전에 배웠습니다. 며칠 밤은 어떻게 표현할까요?

Pour combien de nuits?
[뿌흐 꽁비엥드 뉘?] 며칠이나 묵으십니까?

Pour quatre nuits.
[뿌흐 까트흐 뉘.] 나흘이요.

샤워냐 욕실이냐?

아주 좋은 호텔들이야 모두 욕실이 있겠지만
그렇지 않은 호텔들도 많겠죠.
샤워만 가능한 방들도 있습니다.
그런데 호텔도 그렇고 가정집도 그렇고
프랑스 욕실 바닥에는 물이 빠질 수 있는 구멍이 없습니다.
욕실 안이나 샤워장 안에서 커튼을 치고 물이 밖으로 흐르지 않도록 해야지요.
물이 밖으로 새면 어떻게 합니까? 물론 걸레나 수건으로 물기를 모두 없애야
합니다. 그렇지 않으면 아랫방이나 아랫집에서 물이 샌다고 야단입니다. 조금
촌스럽죠?
욕실이 있는 방을 쓸 것인지 샤워장이 있는 방을 쓸 것인지 묻네요.
(**douche** [두슈] 샤워, **ou** [우] 또는, **bains** [뱅] 목욕탕)

Avec douche ou avec bains?
[아베끄 두슈 우 아베끄 뱅?]
샤워기가 있는 방을 원하세요, 아니면 욕실이 있는 방을 원하세요?

Avec douche.
[아베끄 두슈] 샤워기가 있는 방으로 하죠.

물론 욕실이 있는 방을 원할 경우에는 '아베끄 뱅' 이라고 대답해야겠죠. 우리
말에 비해 프랑스 말이 훨씬 간단하지 않습니까? 프랑스어로는 '샤워기로 할
까, 욕실로 할까?' 정도로 간단히 물었는데 우리말 표현은 보통 그렇게 되지 않
기 때문에 길어졌군요.

얼마인가요?

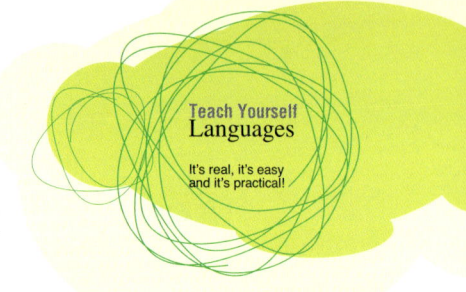

마지막으로 방을 사용하는 입장에서
방 값이 얼마인지 물어봐야겠네요.
(**prix** [프리] 가격)

Quel est le prix de la chambre?

[껠에 르프리 들라샹브흐?] 방 값이 얼마죠?

50 euros par nuit.

[쌩깡뜨 외로 빠흐뉘.] 하룻밤에 50유로입니다.

여기서 '프리'는 '그랑프리'에서와 같은 단어이지만 '상'이라는 뜻이 아니라 '값'이라는 뜻으로 쓰였습니다. '껠' 역시 시간을 물을 때 썼던 말인데 **prix** 가 남성이라 여성형 **quelle** 이 아니라 남성형 **quel** 을 사용했습니다. '빠흐뉘'는 '하룻밤에'라는 뜻이지요. '하루에'라는 표현은 **par jour** [빠흐주희]를 사용합니다.
가격도 알았으니 열쇠를 받고 방으로 올라가야 되겠죠. 방이 준비되었는지 물어볼까요?
(**prêt** [프레] 준비된, **clé** [끌레] 열쇠)

La chambre est prête?

[라샹브흐 에 프레뜨?] 방이 준비되었습니까?

Oui monsieur, elle est prête. Voilà la clé.

[위므슈, 엘레 프레뜨. 브왈라 라끌레.]
예, 방이 준비됐습니다.
열쇠 여기 있습니다.

prêt 는 '준비된' 이란 뜻입니다.
외출할 때 '준비되었니?' 라고 물으려면 **Tu es prêt?** 라고 하면 됩니다.

Tu es prêt?

[뛰에 프레?] 준비 됐니?

Non, je ne suis pas prêt.

[농, 쥬느쒸빠 프레.] 아니. 준비 안 됐어.

위에서 '샹브흐' 가 여성이기 때문에 **e** 가 붙어 '프레뜨' 가 되었습니다. **Voilà** 라는 '여기에 ~이 있다' 라는 뜻으로 쓰였습니다. **Voilà** 는 또한 **c'est** 와 같은 의미로 사람을 소개할 때도 쓰입니다.

Voilà Arie.

[브왈라 아리.] 아리야.

C'est Arie.

[쎄 아리.] 아리야.

A Self Teaching Guide

아참! 몇 시에 식사를 할 수 있는지 물어봐야겠죠?
(**restaurant** [헤스또항] 식당, **ouvrir** [우브리흐] 열다, **matin** [마땡] 아침)

Le restaurant ouvre à quelle heure?

[르헤스또항 우브흐 아껠뢰흐?] 식당 몇 시에 열죠?

À 6 heures 30 du matin.

[아씨죄흐 트항뜨 뒤마땡.] 아침 6시 30분요.

Et le soir?

[에 르수아흐?] 저녁은?

À 7 heures du soir.

[아쎄뙤흐 뒤수아흐.] 저녁 7시요.

그리고 몇 가지 상식!
호텔에 강아지를 끌고 갈 경우, 예약을 했더라도 거절당할 수 있습니다.
그리고 어린아이가 있는 경우는 보조 침대를 쓸 수 있는 대신 방 값을 올려 받습니다.
당연하겠죠?

226 | Teach Yourself Languages

 Easy It makes learning a language fun and fast.

 **Fun** It makes learning a language fun and fast.

 **Quick** It makes learning a language fun and fast.

026
Vous êtes le meilleur!

026

상대를 높이고 싶을 때!
당신이 최고야!
Vous êtes le meilleur!
[부제뜨 르메이에흐!]

프랑스 사람들, 상대를 추켜세우는데 선수입니다. 항상 최고라고 말해주고, 끝내준다고 말해주죠. 이번 과에서는 우등, 동등, 열등 비교와 최상급을 배웁니다. 그리고 프랑스어에서 활용도가 무척 높은 비인칭구문 il faut ~ [일 포]를 배웁니다. 동사가 뒤에 올 때는 '반드시 ~ 해야 한다'는 뜻입니다. 명사가 오는 경우는 '~가 필요하다'라는 뜻으로 쓰이죠.

Take the Pleasure of Learning! It makes learning a language fun and fast.

오늘 더 예쁜데!

사람들이 가장 듣고 싶어 하는 말이 뭘까요? '너 오늘 예쁘다.', '오늘 멋있는데.' 남자와 여자를 구별할 것 없이 이와 같은 외모에 대한 칭찬 아닐까요? '뻬보', 프랑스 어린이들이 기분 좋을 때 어른들에게 잘 쓰는 말이라고 했죠. 귀여운 것들...

T'es beau aujourd'hui.
[뻬보 오주흐디.] 너 오늘 근사하다.

T'es belle aujourd'hui.
[뻬벨 오주흐디.] 너 오늘 예쁘다.

아침 출근하기 전에 아내나 남편에게 이렇게 말하면 어떨까요? '당신 오늘 더 예뻐 보이는데.', '당신 오늘 더 근사해 보여요.' 닭살인가요? 하지만 어떻게 하죠? 모두가 듣고 싶어 하는데. 반복해서 많이 연습하면 쉽게 나올까요? 아님, 우리말로는 안 되도 프랑스어로는 가능할까요? 직장이나 학교에서 동료나 친구를 만날 때도 사용해보시죠. 늘 우리말로만 하다가 예쁜 프랑스 발음으로 말하면 분위기가 달라지지 않겠습니까?

(plus [쁠뤼] 더)

T'es plus beau aujourd'hui.
[떼 쁠뤼보 오주흐디.] 당신 오늘 더 멋있어요.

T'es plus belle aujourd'hui.
[떼 쁠뤼벨 오주흐디.] 당신 오늘 더 예쁜데.

'아름다운' 이라는 형용사 하나, 그리고 그것을 꾸며주는 '더' [쁠뤼]라는 말 하나가 어떤 한 사람에게 엄청난 자신감을 줄 수 있습니다. 프랑스어를 아무리 잘하면 뭘 하겠습니까? 자기 자랑이나 하고 상대방의 맘도 모르면서 지껄여대면, 조용히 있느니만 못하겠죠? 한 문장을 배워도 사람을 행복하게 할 수 있는 문장을 배우는 것이... '오늘 더 예쁘다.', 그러니까 여기에서 비교의 대상은 어제의 나였군요.

네가 더 예뻐!

'넌 나보다 예뻐.' 기분이 어떨까요? ·＿·
(**que** [끄] ~보다)

Tu es plus belle que moi.
[뛰에 쁠뤼벨 끄무아.] 네가 나보다 예뻐.

기분 좋아하는 사람도 있고 비교되는 것 자체를 기분 나빠하는 사람도 있겠죠. 중요한 것은 비교의 대상 앞에 **que** [끄]를 사용한 것입니다. 비교의 대상이 막연할 때는 생략해버리고 구체적일 때는 앞에서처럼 '끄' 다음에 사용하면 됩니다. 그리고 비교의 대상으로 '나' 나 '너' 등의 말이 올 때는 **moi** 나 **toi** 가 오지요. '당근이지. 내가 물론 너보다야 예쁘지.' 라고 표현해볼까요?

Bien sûr! Je suis plus belle que toi.
[비엥쒸흐! 쥬쒸 쁠뤼벨 끄뚜아.] 당근이지. 내가 너보다야 예쁘지.

간단하죠. 쉬운 문장을 만들어 볼까요?
(**fille** [피으] 딸, **moins** [무엥] 덜, **aussi** [오씨] 만큼, **fruit** [프뤼] 과일, **ici** [이씨] 여기, **intelligent(e)** [엥뗄리장(뜨)] 지적인)

Mon copain est plus grand que mon papa.
[몽꼬뺑에 쁠뤼그랑 끄몽빠빠.] 내 남친이 우리 아빠보다 더 커요.

Ma fille est plus grande que sa mère.
[마피으에 쁠뤼그랑드 끄싸메흐.] 내 딸아이는 제 엄마보다 더 커.

비교의 성격을 나타내는 말만 알면 그리 어렵지 않게 말할 수 있을 것입니다. 하지만 늘 '~보다 더' 라고만 표현하지는 않죠. 때로 '~보다 덜' 또는 '~만큼' 이라고 표현할 수도 있습니다. 이럴 때에는 비교대상 앞에 똑같이 **que** 를 놓거나 생략할 수 있으며, **plus** 를 쓰는 대신에 **moins** 이나 **aussi** 를 사용하면 됩니다.

Les fruits sont moins chers ici.

[레프뤼쏭 무엥셰호 이씨.] 여기 과일이 덜 비싸네.

Elle est aussi intelligente que sa soeur.

[엘레 오씨 엥뗄리장뜨 끄싸쐬호.] 걔는 지 언니만큼이나 똑똑해.

더 많은 용기가!

지금까지는 주로 형용사를 비교했습니다. 하지만 명사를 비교하는 경우도 있 겠죠. '용기가 필요해.' 라고 할 때는 다음처럼 표현합니다.
(falloir [팔루와흐] ~이 필요하다, courage [꾸하쥬] 용기, argent [아흐장] 돈, partir [빠흐띠흐] 떠나다, tout de suite [뚜드쒸뜨] 즉시, mettre [메트흐] 넣다, sel [쎌] 소금, sucre [쒸크흐] 설탕)

Il faut du courage.

[일 포 뒤꾸하쥬.] 용기가 필요합니다.

이때 il faut 는 뒤에 오는 말에 관계없이 언제나 같은 형태로 쓰입니다. 뒤에 명사가 오면 '~이 필요하다', 뒤에 동사가 오면 '반드시 ~해야 한다' 는 뜻으 로 쓰이죠. 아주 많이 쓰이는 표현입니다. 간단히 연습하고 넘어갈까요?

Il faut beaucoup d'argent.

[일포 보꾸 다흐쟝.] 많은 돈이 필요해.

Il faut partir tout de suite.

[일포 빠흐띠흐 뚜드쒸뜨.] 즉시 떠나야 해.

다시 비교의 문장으로 돌아가서 '더욱 많은 용기가 필요해.' 에서처럼 '더 많은 용기' 라는 표현을 쓰고 싶을 때는 다음과 같이 말합니다.

Il faut plus de courage.

[일포 쁠뤼드 꾸하쥬.] 더 많은 용기가 필요해.

명사 앞에 **plus** 대신에 **plus de** 를 사용했습니다. **moins** 도 마찬가지겠죠.

Il faut mettre plus de sel.

[일포 메트흐 쁠뤼드 쎌.] 소금을 더 넣어야 해.

Il faut mettre moins de sucre.

[일포 메트흐 무엥드 쒸끄흐.] 설탕을 덜 넣어야 해.

가장 비싼 거!

하루는 파리에서 친구 소개로 통역 아르바이트를 한 적이 있습니다. 딸아이 음악 공부를 시키려고 파리에 오신 분이셨습니다. 은행에 가서 구좌를 열고 바이올린 활을 사기 위해 악기점에 들어갔습니다. 판매원은 좋은 활들을 골라주며 직접 테스트를 해보라고 권했죠. 그런데 아이의 어머니는 테스트에는 전혀 관심을 보이지 않고 가격을 물으며 통역을 부탁했습니다. '제일 비싼 거!'

Le plus cher, s'il vous plaît.

[르쁠뤼셰흐, 씰브쁠레.] 미안하지만, 가장 비싼 것 주시겠어요.

덕분에 150년 정도 된 활을 구경하기도 했습니다. 이 정도 수준의 문장이라면 통역 필요 없이 엄지손가락만 세워도 되지 않을까요? 비교하는 문장 앞에다 정관사를 붙이니 최고, 최상을 나타내는 문장으로 바뀌었습니다. '이 바이올린이 가장 비쌉니다.' 라고 말해볼까요?
(**violon** [비올롱] 바이올린)

Ce violon est le plus cher.

[스 비올롱에 르쁠뤼 셰흐.] 이 바이올린이 가장 비쌉니다.

물론 이 가게에서 그렇겠죠. ·__·;

당신이 최고야!

It's real, it's easy and it's practical!

'걔는 우리 반에서 제일 착해.' 라고 말해볼까요?
(**classe** [끌라쓰] 학급, **meilleur** [메이예흐] 더 나은)

Elle est la plus gentille de la classe.
[엘레 라쁠뤼 장띠 들라끌라쓰.] 걔는 반에서 제일 착해.

보통 일상적으로 많이 사용하는 문장 중에서 '이게 최고야', '걔가 최고야.' 할 때는 다음과 같이 표현합니다.

C'est le meilleur.
[쎄 르메이예흐.] 이게 최고야.

Il est le meilleur.
[일레 르메이예흐.] 걔가 최고야.

프랑스어가 어렵습니까? 자신감을 갖도록 하세요. 당신이 최고입니다.

Vous êtes le meilleur!
[부제뜨 르메이예흐!] 당신이 최고야.

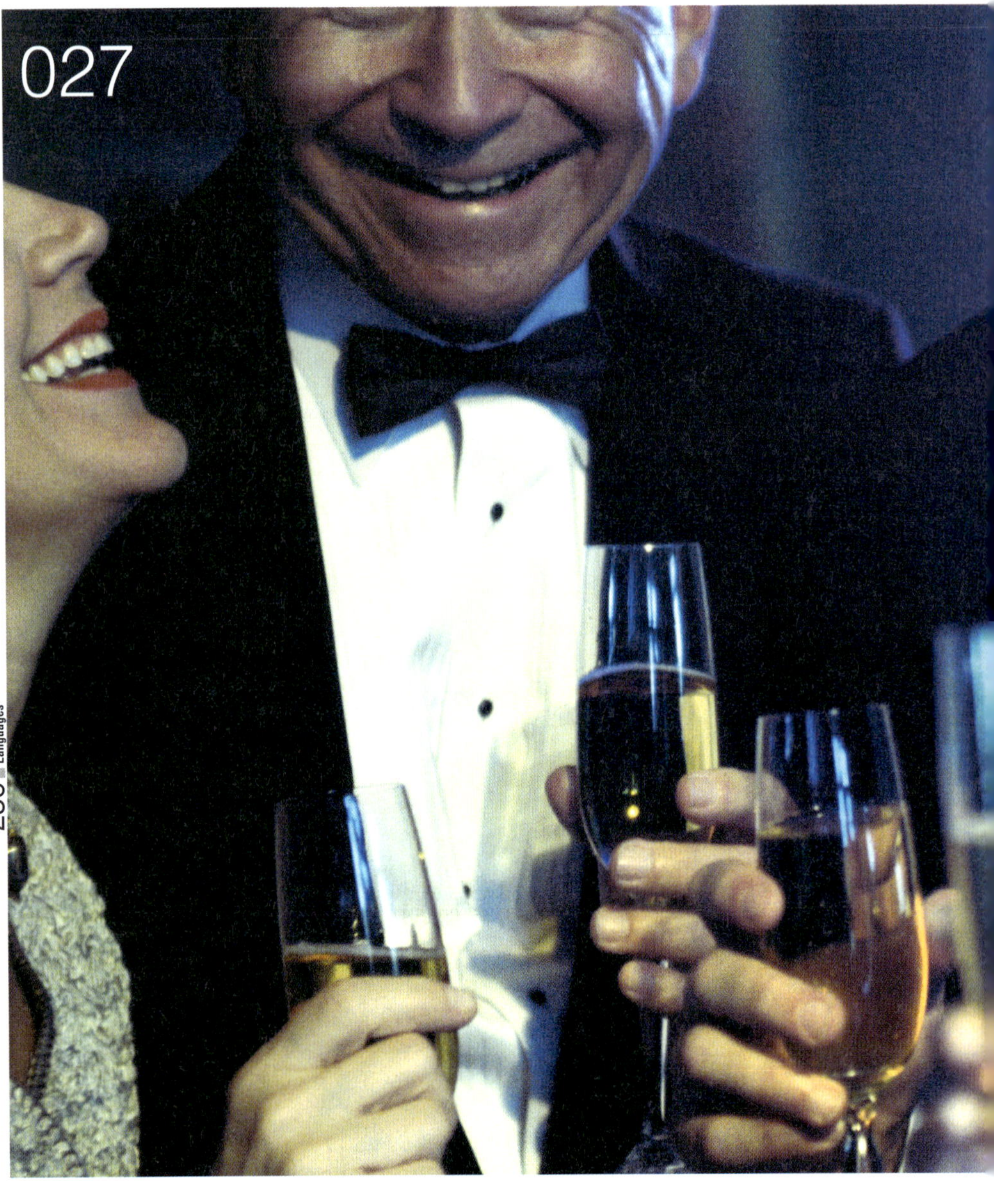

027
미래를 표현하는 방법을 만나 볼까요?

큰 파티가 있을 거야.
Il va y avoir une grande fête. [일바 이아봐흐 윈그랑드 페뜨.]

프랑스어에서 가까운 미래를 표현하는 방식은 두 가지가 있습니다. 현재를 써서 가까운 미래를 표현하는 것이 하나이고, 다른 하나는 근접미래라는 형식으로 표현하는 것입니다. 이번 단원에서는 'aller+동사원형' 의 근접미래 형식을 써서 가까운 미래를 표현하는 방법을 배울 것입니다. 그리고 영어의 **there is ~** 와 같은 관용적인 표현인 **il y a ~** 도 배울 것입니다.

가까운 미래

먼 미래에 대한 꿈만큼이나 가까운 미래에 할 일들을 구체적으로 계획하고 실행하는 것, 아주 중요하겠죠? 시간에 대한 아주 의미 있는 에피소드가 있습니다. 미테랑 대통령은 1981년부터 1995년까지 7년을 중임, 14년 대통령직을 수행했습니다. 국무총리를 두 번 지냈고 파리 시장에 세 번 오른 시락 대통령은 여러 차례 대통령 선거에서 떨어졌죠. 그런데 그런 시락이 미테랑 대통령의 충고로 대통령에 올라, 앞에서 이야기했듯이 7년 단임 마치고, 그리고 바뀐 제도에 따라 5년 임기의 대통령직을 잘 수행했습니다. 어떤 충고일까요? 궁금하지 않으세요? 대통령을 만드는 충고! 잠시 프랑스어를 배우고 또 이야기할까요? 오늘 저녁 뭘 하십니까?

(**sortir** [쏘흐띠흐] 외출하다)

Qu'est-ce que tu vas faire ce soir?

[께스끄 뛰바페흐 스수아흐?] 오늘 저녁 뭐 할 거니?

Je vais sortir.

[쥬베 쏘흐띠흐.] 외출할 거야.

'오늘 저녁 뭐 하니? 는 아주 가까운 미래이기 때문에 **Qu'est-ce que tu fais ce soir?** 처럼 현재의 형태로 우리가 아는 범위 내에서 표현할 수 있습니다. 하지만 좀 더 정확히 표현하려면 우리말에서 '하니' 가 '할' 로 바뀌듯이, 문장이 형태상으로 미래의 의미를 담고 있어야겠지요?

두 문장을 비교해보면 차이는 간단합니다. 현재에서는 '뛰페' 로 쓰였지만 가까운 미래를 나타내는 문장에서는 '뛰바' 다음에 faire, 동사 원형을 사용하였습니다. 여기에서 '바', 즉 aller 동사는 '가다' 라는 뜻으로 쓰인 것이 아니라 '~할 예정이다' 라는 뜻을 faire 동사에게 부여하기 위해 보조적으로 사용된 것입니다. 그러니 가까운 미래를 표현할 때는 언제나 우리가 배운 '알레' 동사의 변형 형태 다음에 동사의 원형을 사용하면 됩니다. 즉, '쥬베', '뛰바', '일바', '엘바' ~ 다음에 동사의 원형을 사용하는 것이죠.
(**quand** [깡] 언제, **week-end** [위켄드] 주말)

Il part quand?
[일빠흐 깡?] 그가 언제 떠나니?

Il va partir ce week-end.
[일바 빠흐띠흐 스위켄드.] 그는 주말에 떠날 거야.

Quand, 앞에서 한 번 나왔죠? 때를 물을 때 쓰는 말입니다. 대부분의 의문사처럼 문장의 맨 뒤에 놓고 쓰면 편합니다. 문장의 앞에 놓을 때는 **Qu'est-ce que** 처럼 **Quand est-ce que** 로 표현합니다. 가까운 미래를 나타내는 문장은 위에서처럼 시간을 나타내는 말, '스수아흐' 나 '스위켄드' 와 함께 쓰일 가능성이 많겠죠. 그런데 가까운 미래라는 것이 절대적으로 정해진 것은 아닙니다. 상대적인 개념이죠. 말하는 사람이 그 시간을 어떻게 생각하고 쓰느냐에 달려 있습니다.
(**dimanche** [디망쉬] 일요일, **jouer** [주에] 공을 치다, **tennis** [떼니스] 테니스)

Sylvie et Paul, qu'est-ce que vous allez faire dimanche?

[실비에뽈, 께스끄 부잘레페흐 디망쉬?]
실비와 폴, 너희들 일요일에 뭐 할 거니?

Dimanche, nous allons jouer au tennis.

[디망쉬, 누잘롱주에 오떼니스.] 우리 일요일에 테니스 칠 거야.

 토요일 저녁에!

어렵지 않죠? 그런데 또 요일이 나왔군요. '오늘이 무슨 요일이야?' 라고 다시 물어볼까요?
(**mardi** [마흐디] 화요일, **lundi** [렝디] 월요일, **samedi** [싸무디] 토요일, **fête** [페뜨] 축제, **danser** [당쎄] 춤추다, **jusqu'au** [쥐쓰꼬] ~까지, **minuit** [미뉘] 자정)

On est quel jour aujourd'hui?

[오네 껠주흐 오주흐디?] 오늘 무슨 요일이니?

On est mardi.

[오네 마흐디.] 화요일.

Quel jour est-ce aujourd'hui?
[깰주흐 에스 오주흐디?] 오늘 무슨 요일이니?

Aujourd'hui, c'est lundi.
[오즈흐디, 쎄 렁디.] 오늘, 월요일이야.

두 가지 방식으로 물어볼 수 있습니다.
한 가지 주의할 것은 요일 앞에는 관사가 붙지 않는 것이죠.
앞에서 물었듯이 요일을 이용해 가까운 미래의 문장을 연습해볼까요?

Samedi soir, vous allez fêter l'anniversaire d'Arie?
[사므디 수아흐, 부잘레 페떼 라니베흐세흐 다리?]
토요일 저녁, 너희들 아리 생일 축하 파티를 할 거니?

Mais oui, il va y avoir une grande fête.
[메위, 일바이 아봐흐 윈그랑드 페뜨.] 물론이지. 큰 파티가 있을 거야.

On va danser aussi?
[옹바당쎄 오씨?] 춤도 추니?

Bien sûr, on va danser jusqu'à minuit.
[비엥쒸흐, 옹바당쎄 쥐쓰꺄 미뉘.] 당근이지. 자정까지 출 거야.

프랑스 젊은이들은 종종 집에서 파티를 엽니다. 간단한 음식들을 가져와서 주로 대화를 하고 음악을 틀어놓고 가볍게 춤을 추기도 합니다. 하지만 주의할 것이 있습니다. 지나친 소음은 이웃의 항의를 부를 수 있기 때문에 조심해야 합니다. 대개의 경우는 양해를 구하는 글을 아파트 입구에 붙여놓습니다. '아리의 생일을 축하하는 파티가 있습니다. 약간의 소음이 있을 수 있으니...' 술을 마시는 경우도 있지만, 특히 젊은이들이 술에 취하는 경우는 결코 없습니다. 포도주나 샴페인 1-2잔 정도로 파티를 끝내죠? 그럼 뭐 하러 모이냐고요? 글쎄요...

아무 것도 없어!

프랑스어에서 아주 자주 쓰이는 표현이 **il y a~** 입니다. '~이 있다' 는 말이죠.
(**rien** [히엥] 아무 것도, **cour** [꾸흐] 마당, **rue** [휘] 도로)

Qu'est-ce qu'il y a dans ton sac?
[께스낄리아 당똥싹?] 가방에 뭐 있니?

Il n'y a rien.
[일니아 히엥.] 아무 것도 없어.

rien 은 부정을 표시하는 **pas** 의 의미가 담긴 부정대명사입니다. 아무 것도 없다는 뜻이지요. 간단히 **Rien.** [히엥.]이라고 답할 수도 있습니다. **il y a~** 는 시간을 나타내는 표현 **il est~** 처럼 언제나 변화 없이 쓰입니다. 뒤에 단수인 명사가 오든 복수인 명사가 오든 관계없단 말이죠.

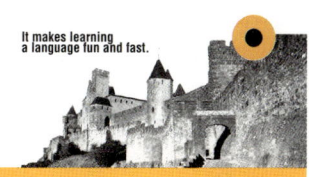

Il y a une voiture dans la cour.
[일리아 윈봐뛰흐 당라꾸흐] 마당에 차가 한 대 있다.

Il y a beaucoup de voitures dans la rue.
[일리아 보꾸드 봐뛰흐 당라휘] 거리에 차가 많다.

il y a~ 를 가까운 미래형의 의미로 쓸 때는 위에서처럼 **il va y avoir** 로 표현합니다. '~이 있을 것이다' 라는 뜻이지요.

 ## 시간을 시간에!

미테랑 대통령은 시락에게 두 가지 충고를 했답니다.
하나는, '민중을 사랑해야 한다!' 는 것이죠. 처음 국회의원에 출마해 시장과 골목골목을 누비며 거친 손들을 잡고 쓰다듬고 위로하던 정치인들은 경력이 쌓일수록 중앙무대에서 방송 출연을 엿보거나 파티장을 기웃거린답니다. 민중은 안중에 없는 거죠. 당연한 그 말을 미테랑이 두 번의 국무총리, 세 번의 파리 시장 경력을 가진 시락에게 환기시킨 것입니다.

두 번째는 '시간을 시간에게 맡긴다!' 는 말이었습니다. 때를 기다려야 한다는 말이기도 한데, 조금 어렵죠.

이 말을 시락의 변화를 통해 이해해 볼까요? 시락은 민중과의 한 미팅에 참석하면 끝날 때쯤 다리를 흔들었다고 합니다. 다음 미팅에 가야 하는데 참석한 사람들이 말이 많은 거죠. 뛰어난 행정가인 시락은 정확한 시간 활용을 했던 것입니다. 그러니 참석한 사람들의 말이 귀에 들어오겠습니까? 하지만 개인적인, 가족 관계와 관련된 어려움을 겪고 난 시락(프랑스 신문은 정치인의 사생활을 기사화하지 않습니다.)은 변했습니다. 모든 이들에게 고유하고 개인적인 아픔이 있을 수 있다는 것을 깨달은 거죠. 화려한 경력과 권력을 가진 자신도 그런데 하물며 힘없고 가난한 민중들은 어떻겠습니까?

그 후로 시락이 미팅에 참석하면 이번에는 시락의 보좌관들이 다리를 떨었다고 합니다. 다음 미팅에 가야하는데 시락이 너무 대화에 열중해 있기 때문에 초조해 한 거죠. '시간을 시간에...' 조금 이해가 될 듯도 하죠. 결과가 어떠했겠습니까? 시락은 대통령에 당선되었습니다. 그리고 7년의 임기를 마치고 다시 바뀐 헌법에 따라 5년 임기 재선에 성공했습니다. 시락을 뒤를 잇는 사르코지 대통령 또한 젊고 패기가 넘쳐서인지 배우 바쁘죠. 그런데 인기는 열심히 뛰는 만큼 오르지 않습니다. 왜일까요? ㅋ ㅋ ㅋ 바쁘시죠? 운전에, 핸드폰에, 술자리에... 자! 여러분~ 시간을 시간에...!

(**peuple** [쀠쁠] 민중, **donner** [도네] 주다, **temps** [땅] 시간 또는 날씨)

Il faut aimer le peuple.
[일포 에메 르쀠쁠] 민중을 사랑해야 한다.

Donner du temps au temps.
[돈네 뒤땅 오땅] 시간을 시간에 맡긴다.

028
쇼핑을 나가셨나요?
너무 비싸다.
C'est trop cher.
[쎄 트로셰흐.]

파리의 쇼핑, 외국인들에게는 최고의 브랜드와 함께 아주 매력적이죠.
특히 세일기간의 쇼핑은 파리지앵들도 즐긴답니다.
즐겁게 쇼핑하기 위해 필요한 표현들입니다.
더불어 날씨와 관련된 표현들도 공부할 것입니다.
약방의 감초와 같은 표현이 날씨와 관련된 표현들입니다.
잘 활용해보세요.

 **Fun** 파리의 세일

갈르리 라파이에뜨 백화점은 파리지앵들이 오래 전부터 이용해 온 고급백화점입니다. 중상류층이 이용할 수 있는 좋은 제품들이 진열되어 있고, 많은 외국인들도 향수나 화장품 등을 사기 위해 이곳을 이용합니다. 파리지앵들은 특히 여름방학이 시작되는 시기나 성탄절 다음날부터 이곳을 많이 이용합니다. 세일을 하기 때문이죠. 프랑스 백화점에서 세일은 일정합니다. 있는 제품을 그대로 놓고 성탄절 다음날부터나 휴가가 시작되면 세일 역시 시작됩니다. 처음엔 15%~30%, 그리고 날짜가 지나면 30~50%의 세일을 하죠. 고민하지 않을 수 없습니다. 성탄절에 선물을 해야 하는데 하루만 지나면 세일이 시작되고, 가격이 더 내렸으면 좋겠는데 물건이 한정되어 있기 때문에 내가 살 때까지 팔리지 않는다는 보장이 없겠죠? 자! 백화점에 들어섰습니다. 무엇을 살까요?

Bonjour Madame.
[봉주흐 마담.] 안녕하세요.

Bonjour madame, il fait beau aujourd'hui, vous désirez?
[봉주흐 마담, 일페 보 오주흐디, 부데지레?]
안녕하세요. 날씨 좋죠. 뭘 찾으세요?

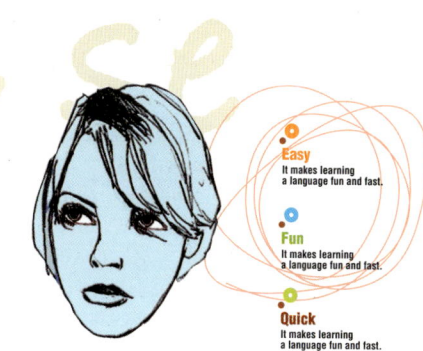

블라우스를 사러 의류코너로 들어섰습니다. 인사를 하고 들어섰더니 백화점 직원은 더욱 친절하게 좋은 날씨를 상기시키며 원하는 것을 묻는군요. 이제까지 날씨에 대한 말들을 배우지 않았네요. 날씨를 말할 때는 언제나 **il fait** 로 시작합니다.

날씨가 어때요?

'날씨가 좋다' 는 표현은 배웠으니 다른 표현도 알아보죠.
(**mauvais** [모베] 나쁜, **hiver** [이베흐] 겨울, **froid** [프루아] 추운, **neiger** [네제] 눈이 내린다, **doux** [두] 온화한, **été** [에떼] 여름, **chaud** [쇼] 더운, **automne** [오똔] 가을, **frais** [프레] 서늘한)

Quel temps fait-il aujourd'hui?
[껠 땅 페띨 오주흐디?] 오늘 날씨가 어때요?

Il fait mauvais aujourd'hui.
[일 페 모베 오주흐디.] 오늘 날씨가 안좋은데요.

날씨를 묻는 표현은 [꺨땅페띨]을 사용하죠. 그에 대한 대답으로 몇 가지 표현은 동사를 사용하기도 합니다. 실비가 아리에게 한국의 날씨에 대해 묻습니다.

Arie, quel temps fail-il en hiver en Corée?
[아리, 꺨땅 페띨 아니베호 앙꼬레?] 아리야, 한국 겨울 날씨는 어때?

Il fait froid et il neige beaucoup.
[일페 푸루아 에 일네쥬 보꾸.] 춥고 눈이 많이 내려.

Et au printemps?
[에 오프렝땅?] 그러면 봄은?

Il fait doux.
[일페 두.] 온화해.

계속해서 한국의 날씨를 설명해볼까요?

En été il fait chaud, en automne il fait frais.
[아네떼 일페 쇼, 아노똔 일페 프레.] 여름에는 덥고, 가을에는 서늘해.

계절 앞에는 **en** 을 붙여 표현했는데, 봄만 예외적으로 **au** 를 사용했군요. 이 정도면 충분히 계절을 표현할 수 있겠죠?

파리지앵은 구경꾼

판매원이 무엇을 원하는지 물었으니 원하는 것을 말해줘야겠죠?
(**chemisier** [쉬미지에] 블라우스, **parisien** [빠리지앵] 파리지앵, **badaud** [바도] 구경 거리를 좋아하는 사람)

Je voudrais un chemisier rouge.
[쥬브드레 엥쉬미지에 후쥬] 빨간색 블라우스를 찾는데요.

앞에서 배운 표현이니 사는 물건만 알면 어렵지 않습니다. 물건 이름이 프랑스 어로 생각이 나지 않을 때는 **Ça!** [싸!] 하면 됩니다. 우리말로 '이것!' 이라는 뜻 이죠. 파리지앵들은 쉽게 물건을 사지 않습니다. 거리를 거닐고 구경하는 것을 좋아하기 때문에 기웃기웃 구경은 하지만 좀처럼 물건을 집어 들지 않습니다. 주머니를 열게 만들기란 더욱 쉽지 않죠. 그래서 이런 표현도 있답니다.

Le Parisien est badaud.

[르빠리지엥에 바도.] 파리 사람들은 구경거리를 좋아한다.

하지만 한국인들은 다르죠. 미안해서 그냥 못나오기도 하고, 들었던 옷을 그냥 놓고 나오기 쑥스럽기도 하고... 그래서 파리 고급 의류매장에서는 한국인이나 일본인을 선호한다는군요.

 난 할 수 있다!

판매원이 손님을 놓치지 않기 위해 곧바로 공략에 들어갑니다.
(**coton** [꼬똥] 면, **pouvoir** [뿌봐흐] ...할 수 있다, **essayer** [에쎄이에] 입어보다, **cabine** [꺄빈] 탈의실, **gagner** [가니에] 이기다, **match** [마취] 시합, **fermer** [페흐메] 닫다, **fumer** [퓌메] 담배를 피우다)

J'ai un chemisier rouge en coton.

[제 엥쉬미지에 후쥬 앙꼬똥.] 면으로 된 빨간색 블라우스 있어요.

물론 치수를 확인해야겠죠.
100% 순면이고 때깔도 맘에 드니
한 번 입어봤으면 좋겠는데...

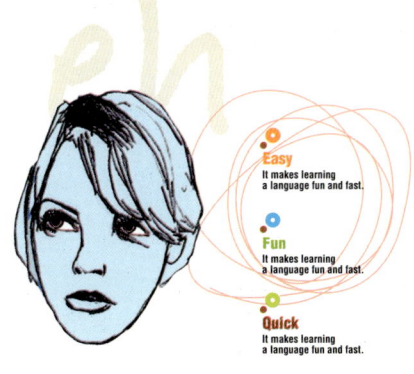

Je peux l'essayer?
[쥬뻬 레쎄이에?] 입어 봐도 될까요?

Je vous en prie. La cabine est là-bas.
[쥬부장프리. 라꺄빈에 라바.] 물론이죠. 탈의실이 저기 있습니다.

essayer 동사는 '입어보다', '맛을 보다', '시운전하다' 등의 뜻으로 사용됩니다. 그 앞에는 '...할 수 있다' 라는 의미의 보조적인 역할을 하는 **pouvoir** [뿌바흐] 동사가 사용됐군요. 물론 다음에는 동사원형이 쓰입니다. **pouvoir** 동사를 변화시켜볼까요?

pouvoir
[뿌봐흐] ~할 수 있다

je peux
[쥬뻬] 나는 ~ 할 수 있다

nous pouvons
[누뿌봉] 우리는 ~ 할 수 있다

tu peux
[뛰뻬] 너는 ~ 할 수 있다

vous pouvez
[부뿌베] 너희들은 ~ 할 수 있다

il/elle peut
[일/엘뻬] 그/그녀는 ~ 할 수 있다

ils/elles peuvent
[일/엘뻬브] 그들은 ~ 할 수 있다

가장 많이 쓰이는 표현 중에 하나입니다.
같은 동사지만 사용되는 상황에 따라 의미가 약간씩 다를 수 있습니다.

Tu peux gagner ce match?
[뛰뻬 가니에 스마춰?] 너 이 게임 이길 수 있어?

Vous pouvez fermer la porte?
[부뿌베 페흐메 라뽀흐뜨?] 문 좀 닫아 줄래요?

Je peux fumer?
[쥬뻬 퓌메?] 담배 피워도 될까요?

우리말에서 '...할 수 있다' 가 때로는 능력을, 때로는 서비스를, 때로는 허락을 뜻하는 것처럼 프랑스어에서 **pouvoir** 동사도 능력과 서비스 또는 허락을 의미합니다. '쥬뻬 레쎄이에' 에서는 허락을 구하는 뜻으로 쓰였죠. '쥬브장 프리.' 는 '천만에요', '물론이죠.' 라는 의미로 한 단어처럼 쓰입니다.

 알뜰한 파리지앵

옷을 갈아입고 나왔더니 판매원이 듣기 좋은 소리를 합니다.

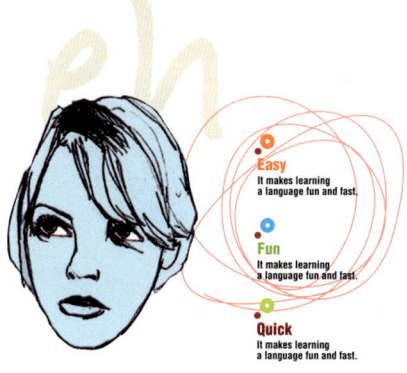

Il vous va très bien.
[일부바 트레비엥.] 당신에게 잘 어울리는군요.

Oui, il me plaît beaucoup.
[위, 일므쁠레 보꾸.] 그래요. 아주 마음에 들어요.

C'est combien?
[쎄 꽁비엥?] 얼마죠?

30 euros.
[트항뜨 외로.] 30유로입니다.

C'est trop cher. Mais je le prend.
[쎄 트로셰흐. 메 쥬르프항.] 너무 비싸네요. 하지만 사죠.

[알레] 동사가 '...에게 맞다 또는 어울리다' 라는 뜻으로 쓰였습니다.

마음에도 드니 사야겠죠. 그런데 너무 비싸네요. 하지만 판매원이 워낙 싹싹하고 입어보기까지 했으니 그냥 나오지 못하는군요. 언제부터인지 파리지앵들은 파리 북쪽에 자리 잡은 따띠라는 서민백화점을 이용하기 시작했습니다. 주로 흑인과 아랍인 또는 중국인들이 이용하던 이곳을 프랑스인들도 출입하기 시작한 것이죠. 그런데 재미있는 것은 프랑스인들이 집을 나설 때 미리 갈르리 라파에뜨 백화점의 포장용 비닐을 준비한다는 것입니다. 따띠의 비닐은 빨간색 체크무늬로 어디에서나 눈에 띄죠. 서민들에게야 그러려니 생각되어지는 일이 중산층에게는 그렇지 않은 모양입니다. 그들은 물건을 산 다음, 빨간 따띠의 비닐을 버리고, 갈르리 라페이에드 포장 비닐봉지로 바꿔서 아파트로 들고 돌아온답니다. 갈르리 라파이에뜨를 다녀왔다는 듯이...

029

과거를 표현하고 싶으세요?
열심히 공부했어.
J'ai bien travaillé.
[제 비엥 트라바이에.]

어느 정도 시간이 지나면 언어는 순식간에 느는 것이 느껴집니다.
이제까지 대부분의 경우 현재만을 말했는데,
과거를 배우는 순간부터 그렇습니다.
프랑스어에서 보통 과거라면 복합과거와 반과거를 말합니다.
이번 과에서는 대화할 때 더 많이 쓰이는 복합 과거를 배울 것입니다.
과거에 있었던 일을 말할 때 사용하죠.
과거를 표현하는 간단한 형식만 알면 쉽게 이용할 수 있습니다.

과거를 말하라

프랑스 대학의 등록금은 일 년에 30만 원이 넘지 않습니다. 부럽죠? 소르본느 대학! 유럽대학의 장녀라고 할 만큼 유럽에서 가장 오래된 대학 중의 한 대학입니다. 웅장한 건물과 전통, 세계적인 석학들... 하지만 파리 대학들은 우리가 상상하는 것처럼 아름답지 않습니다. 협소한 강의실, 낡은 시설물, 넘치는 학생들. 그래서 시내에 있던 대학들이 좀 더 한적한 곳으로 점차 옮겨가고 있습니다. 한국의 대학, 프랑스 대학에 비해 아름답죠. 한국에 와서 강의를 하는 프랑스인들은 대학의 일 년 등록금이 800만 원이 넘는다는 것을 알고 놀랩니다. 그리고 그렇게 큰돈을 내고도 많은 학생들이 강의를 소홀히 한다는 것을 알고 또 놀랩니다. 왜 갑자기 썰렁한 이야기를... 지금까지 너무 어렵지 않았나요?

(**travailler** [트라바이에] 일하다 또는 공부하다)

Vous avez bien travaillé?
[부자베 비엥 트라바이에?] 공부 열심히 했습니까?

어! 전혀 못 보던 문장이 나타났네요.

[비엥]은 '잘' 이라는 말이니까 그러려니 하지만 **travaillé** 는 처음 보는 형태지요. 영어에서 과거분사라고 하면 금방 이해하시겠습니까? 프랑스어에서 과거를 나타내는 가장 일반적인 형태는 앞에서처럼 **avoir** 동사와 과거분사를 사용하는 것입니다. 간단하죠. 지금까지 우리가 배운 모든 문장들을 과거 형태의 문장으로 바꿀 수 있습니다. **travailler** 와 같이 -er 로 끝나는 동사들은 **er** 를 **é** 로 바꾸면 과거분사가 됩니다. 다음을 함께 볼까요?

(**téléphoner** [떼레포네] 전화하다, **finir** [피니흐] 끝내다, **leçon** [르쏭] 레슨, **piano** [삐아노] 피아노, **choisir** [수아지흐] 선택하다, **robe** [호브] 치마)

Oui, j'ai bien travaillé.
[위, 제비엥 트러바이에.] 열심히 공부했습니다.

Tu as téléphoné à tes amis?
[뛰아 뗄레포네 아떼자미?] 친구들에게 전화했어?

Non, je n'ai pas téléphoné.
[농, 쥬네빠 뗄레포네.] 전화 안 했어.

부정의 뜻을 나타낼 때는 앞에 있는 **avoir** 동사의 앞뒤에 **ne ~ pas**를 붙이면 됩니다. 그런데 모든 동사가 -er 로 끝나는 것은 아니죠. -ir 로 끝나는 동사들도 있습니다.

Tu as fini ta leçon de piano?
[뛰 아 피니 따 르쏭 드뻬아노?] 피아노 레슨 끝났니?

위에서처럼 -ir 로 끝나는 동사들의 대부분은 ir 를 i 로 바꾸면 과거분사가 됩니다. 하나만 더 연습해볼까요?

Elle a choisi sa robe?
[엘라 수아지 싸호브?] 걔 치마 골랐니?

불규칙한 과거분사

문제는 규칙적으로 변화하지 않는 동사들입니다. 이들은 과거분사 형태마저도 불규칙적으로 변화합니다. 대표적으로 쓰이는 동사 몇 가지만 알아보죠.

Vous avez fait un bon voyage?
[부자베 페 엥봉봐이아쥬?] 너희들 여행 괜찮았니?

Oui, nous avons fait un bon voyage.
[위, 누자봉 페 엥봉봐이아쥬.] 여행이 괜찮았어.

faire 동사의 과거분사는 위에서처럼 fait 로 바뀝니다.
그리고 faire un bon voyage 하면 '좋은 여행을 하다' 라는 뜻이지요.
(déjeuner [데죄네] 점심, salade [쌀라드] 샐러드, pain [빵] 빵)

Qu'est-ce que tu as pris au déjeuner?
[께스끄 뛰아 프리 오데줴네?] 점심 때 뭐 먹었니?

J'ai pris de la salade avec du pain.
[제 프리 들라쌀라드 아베크 뒤빵.] 빵하고 샐러드 먹었어.

prendre 동사도 전혀 다른 형태인 pris 를 과거분사로 취했죠.
이러한 과거분사 형태를 미리 외우면 좋지만 직접 쓰지 않고 암기하는 것은 그
렇게 효과적이지 못합니다. 그렇기 때문에 대화를 하는 도중 나오는 과거분사
를 그때그때 암기하는 것이 좋습니다.

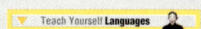

'에트르'를 선택한 동사들

'너 어제 어디 갔었니? 라고 물어볼까요?
(hier [이에흐] 어제, venir [브니흐] 오다)

Hier, tu es allé où?
[이에흐, 뛰에 잘레 우?] 너 어제 어디 갔었니?

Je suis allé au Centre Georges Pompidou.
[쥬씨 잘레 오쌍트흐 조흐쥬 뽕삐두] 퐁피두센터에 갔었어.

aller 동사 앞에는 avoir 동사를 쓰지 않고 être 동사를 썼군요. 몇몇 동사, 특히 '가다' aller, '오다' venir, '떠나다' partir, '외출하다' sortir, '도착하다' arriver 와 같은 동사들은 être 를 동사 앞에 사용하여 과거임을 표시합니다. 예를 하나 더 들어볼까요?

Il est parti ce matin?
[일에 빠흐띠 스 마땡?] 걔 오늘 아침에 떠났니?

Oui, il est parti ce matin très tôt.
[위, 일레 빠흐띠 스마땡 트레또] 응, 아침 일찍 떠났어.

말과 놀이

퐁피두센터에는 어린이 미술교실이 있습니다. 임시전시장에서 전시되고 있는 대가들의 그림이 그려진 작업과정을 아이들이 그곳에서 직접 체험하는 것입니다. 한 번은 독일 출신 다다이즘 계열의 화가인 쿠르트 슈비터스의 작품들이 전시되었고, 아이들은 어린이 그림교실에서 문자와 기호, 숫자, 형상 등이 합성된 그의 그림을 실제로 제작하였습니다. 먼저 아이들은 무릎 높이에서 키 만한, 스티로폼으로 만든 채색된 알파벳 문자들을 선택합니다. 아이들은 알파벳을 가지고 놀기도 하고, 선생님의 주문대로 알파벳이 떠올리는 감정을 소리나 몸짓으로 표현합니다. 그리고 슈비터스 작품에서 뽑아낸 숫자나 문자 또는 기호와 형상 등이 입력된 컴퓨터 앞에서 자신들이 원하는 것들을 골라 원하는 대로 모양을 만들죠. 어른들에게조차 추상적이고 어려워 보이는 문자와 기호가 담긴 그림을 아이들은 이렇게 자연스럽고 쉽게 만들어냅니다. 어린이들이 알파벳으로 감정을 표현하는 것처럼 말은 단순한 정보의 전달이 아니라 소리를 통해 우리들의 필요와 감정을 전달하는 구체적인 수단이 아닐까요? 추상적인 기호가 아닌 구체적인 소리, 감정이 담긴 소리...

과거분사도 성수에 따라 변화한다

avoir 가 조동사로 쓰인 복합과거 문장은 비교적 간단합니다. 주어가 남성이든 여성이든, 단수든 복수든 과거분사가 변화하지 않고 쓰였으니까요. 그런데 **être** 가 조동사로 쓰인 복합과거 문장에서는 약간 다릅니다. 과거분사가 주어의 성과 수에 따라서 변화하거든요. 간단한 문장부터 볼까요?

Elle est sortie?
[엘에 쏘흐띠?] 그녀가 외출했나요?

Non, elle n'est pas sortie.
[농, 엘네빠 쏘흐띠.] 아니요, 외출하지 않았어요.

Elle est dans sa chambre.
[엘에 당 싸샹브흐.] 그녀는 자기 방에 있어요.

과거분사 **sorti** 에 **e** 가 첨가되었습니다. 주어가 여성·단수이기 때문이죠. 복수인 경우를 살펴볼까요?
(**bibliothèque** [비블리오떼끄] 도서관)

Ils sont allés où?
[일쏭 딸레 우?] 그들은 어디 갔니?

Ils sont allés à la bibliothèque.
[일쏭 딸레 알라 비블리오떼끄.] 그들은 도서관에 갔어요.

이번에는 과거분사 **allé** 에 **s** 가 붙었죠? 주어가 남성·복수이기 때문입니다. 물론 주어가 여성·복수인 경우는 **es** 가 붙어야 하죠. 따져보면 뭐 그리 어렵진 않으시죠? ·___·

▶▶▶ 효과적인 듣기연습을 위해 본문 내용을 재구성하였습니다.
Take the Pleasure of Learning! It makes learning a language fun and fast.

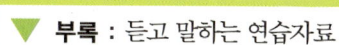
부록 : 듣고 말하는 연습자료

마리안 파스케 (KBS 2TV 미녀들의 수다)

French
It makes learning a language fun and fast.

Teach Yourself Languages

부록 : 듣고 말하는 연습자료

001
문화를 알면 언어가 보인다!
파리! 프랑스!
Paris!

①

바보	con
사랑	amour
관용	tolérance
파리	Paris
프랑스	France
샤넬	Chanel

②

성모 마리아	Notre-Dame
파리의 노트르담 대성당	**Notre-Dame de Paris**
불쌍한 사람들	les Misérables
포도주	vin
쏘믈리에	sommelier
퐁듀	fondue
크레이프	crêpe

③

보르도	Bordeaux
깐느	Cannes
나폴레옹	Napoléon
잔 다르크	Jeanne d'Arc
드골	De Gaulle
사르코지	Sarkozy
카를라 브루니	Carla Bruni

002
이렇게나 많은
프랑스어를 알고 계시네요!
우랄라! 프랑스어를!
Oulala!

①

놀라움을 표시할 때	Oulala!
어린 아이	enfant
집	maison
바게뜨빵	baguette
날마다	tous les jours
황금 이삭	L'épi d'or
얼음 나라	terre de glace
애수	mélancolie
물랭 루즈	moulin rouge
노블레스 오블리쥬	noblesse oblige

②

아침 인사, 낮 인사	Bonjour!
엄마 고마워요.	Merci, maman!
여보 고마워.	Merci, chéri!
미안합니다.	Pardon!
빌어먹을!	Merde!
제기랄!	Zut!

003
프랑스어는 발음이 예쁘다!
봄과 프렝땅
printemps

①

다시 한 번	encore
삼촌, 아저씨	tonton
봄	printemps
르노자동차	Renault
코카콜라	coca
영화관	cinéma
소년, 웨이터	garçon
잘 지내니?	Ça va?

French

It makes learning a language fun and fast.

❷

나비	papillon
화장실	toilettes
연필	crayon
그랑프리	grand prix
기차	train
프레따 뽀르떼	prêt-à-porter
아주 사랑스러운	très aimable

❸

프랑스어 알파벳

A 아 [ㅏ]	B 베 [ㅂ]
C 쎄 [ㄲ/ㅋ/ㅅ]	D 데 [ㄷ]
E 으 [ㅔ/ㅡ/ㅓ]	F 에프 [ㅍ]
G 제 [ㄱ/ㅈ]	H 아쉬 [무성음]
I 이 [ㅣ]	J 지 [ㅈ]
K 까 [ㄲ]	L 엘 [ㄹ]
M 엠 [ㅁ]	N 엔 [ㄴ]
O 오 [ㅗ]	P 뻬 [ㅃ/ㅍ]
Q 뀌 [ㄲ]	R 에흐 [ㅎ/ㄹ]
S 에스 [ㅅ]	T 떼 [ㄸ/ㅌ]
U 위 [ㅟ]	V 베 [ㅂ]
W 두블르베 [ㅜ]	X 익스 [ㅋ/ㅅ]
Y 이그렉 [ㅣ]	Z 제드 [ㅈ]

그녀	Elle
땅	terre
호텔	hôtel
성탄절	Noël

❷

보졸레 누보	Beaujolais nouveau
모든	tous
날들	jours
루브르박물관	Louvre
식당	restaurant
아름다운	beau
새로운	nouveau
프랑스 사람	français
보졸레 지방	Beaujolais
시작, 데뷔	début
공부	Étude

❸

파란색	bleu
흰색	blanc
붉은색	rouge
프랑스 국가대표 축구팀	les Bleus
유로화	euro
성심성당	Sacré-Coeur
이 사람은 ... 이다	voilà

004

아하! 모음 발음은 이렇게!
보졸레 누보
beaujolais nouveau

❶

커피	café
아기	bébé
차	thé
어머니	mère
바다	mer
아버지	père

005

친구에게 안부를 물어볼까요?
잘 지내니?
Ça va?

❶

안녕!	Bonjour!
안녕!	Salut!

안녕! 어떻게 지내니?
Bonjour! Comment ça va?

French

It makes learning a language fun and fast.

| 안녕! 잘 지내니? | Bonjour! Ça va? |
| 잘 지내. | Ça va. |

❷

응, 잘 지내.	Oui, ça va.
아주 잘 지내.	Très bien!
아주 잘 지내. 넌?	Très bien. Et toi?
잘 지내, 고마워.	Ça va, merci.

❸

안녕!	Bonsoir!
잘 자.	Bonne nuit!
또 보자.	Au revoir!
내일 보자.	À demain!
곧 다시 보자.	À bientôt!

006

상대의 이름을 알고 싶으세요?
네 이름은 뭐니?
Tu t'appelles comment?

❶

| 내 이름은 아리야. | Je m'appelle Arie. |
| 내 이름은 실비야. | Je m'appelle Sylvie. |

내 이름은 아리야. 네 이름은 뭐니?
Je m'appelle Arie.
Tu t'appelles comment?

| 반가워! | Enchanté! |

❷

걔 이름 뭐니?	Il s'appelle comment?
걔 이름 벵상이야.	Il s'appelle Vincent.
걔 이름 뭐니?	Elle s'appelle comment?
걔 이름 실비야.	Elle s'appelle Sylvie.

❸

쟤 누구니?	C'est qui?
쟤 실비야.	C'est Sylvie.
누구니?	Qui est-ce?

| 아리야. | C'est Arie. |

007

어느 나라 사람인지 궁금하십니까?
걔 프랑스 애야.
Il est français.

❶

내 이름은 아리야. 한국인이야.
Je m'appelle Arie. Je suis coréenne.

내 이름은 지성이야. 한국인이야.
Je m'appelle Ji-Sung. Je suis coréen.

내 이름은 벵상이야. 프랑스인이야.
Je m'appelle Vincent.
Je suis français.

내 이름은 실비야. 프랑스인이야.
Je m'appelle Sylvie.
Je suis française.

| 너 한국인이니? | Tu es coréen? |
| 그래, 한국인이야. | Oui, je suis coréen. |

❷

너 일본사람이니?
Est-ce que tu es japonais(e)?

응, 일본사람이야.
Oui, je suis japonais(e).

너 중국인이지?
Tu es chinois(e)?

응, 중국인이야.
Oui, je suis chinois(e).

❸

걔 프랑스 애야.
Il est français.

French
It makes learning a language fun and fast.

그녀는 프랑스인입니다.
Elle est française.

공리 중국인이니?
Gong Li est chinoise?

응, 중국인이야.
Oui, elle est chinoise.

타이거 우즈가 미국인이니?
Tiger Woods est américain?

응, 미국인이야.
Oui, il est américain.

연아 일본 애니?
Yuna est japonaise?

아니, 한국 애야.
Non, elle est coréenne.

개 뭐하니? **Qu'est-ce qu'il fait?**
그는 학생이야. **Il est étudiant.**
그녀의 직업이 뭐니? **Elle fait quoi?**
그녀는 학생이야. **Elle est étudiante.**

❸
누구니? **C'est qui?**
셀린 디옹이야. **C'est Céline Dion.**

직업이 뭐야?
Qu'est-ce qu'elle fait?
가수야. **Elle est chanteuse.**

프랑스 사람이니? **Elle est française?**
아니, 캐나다 사람이야.
Non, elle est canadienne.

누구니? **C'est qui?**
타이거 우즈야. **C'est Tiger Woods.**
골프선수지. **Il est joueur de golf.**
미국사람이야. **Il est américain.**

008
자신의 직업을 소개해 보시죠.
난 화가야.
Je suis peintre.

❶
나는 기자이다. **Je suis journaliste.**
나는 화가입니다. **Je suis peintre.**
나는 의사입니다. **Je suis médecin.**
너 음악가니? **Tu es musicien?**
걔 음악가니? **Il est musicien?**
그녀 음악가니? **Elle est musicienne?**

❷
너 뭐하니? **Qu'est-ce que tu fais?**
너 뭐하니? **Tu fais quoi?**
나는 선생이야. **Je suis professeur.**

009
사는 곳을 말할 때
난 파리에 살아.
J'habite à Paris.

❶
너 어디 사니? **Tu habites où?**
나 서울에 살아. **J'habite à Séoul.**
나 파리에 살아. **J'habite à Paris.**
나 런던에 살아. **J'habite à Londres.**
그는 어디 사니? **Il habite où?**
일산 살아. **Il habite à Ilsan.**
그 여자 어디 사니? **Elle habite où?**
강남 살아. **Elle habite à Gangnam.**

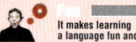  

❷
서울에서 왔어. **Je suis de Séoul.**
너 중국인이니? **Tu es chinoise?**

아니, 나 한국인이야.
Non, je suis coréenne.

서울에서 왔어. **Je suis de Séoul.**
제 누구니? **Qui est-ce?**
제 멜 비야. **C'est Mel B.**
제 독일 애니? **Elle est allemande?**

아니, 걔 영국아이야. 걔는 런던 출신이지.
Non, elle est anglaise.
Elle est de Londres.

❸
너 어디 출신이야? **Tu es d'où?**
파리에서 왔어. **Je suis de Paris.**
걔 어디서 왔어? **Il est d'où?**

걔는 마르세유에서 왔어. **Il est de Marseille.**
그 여자애 어디서 왔니? **Elle est d'où?**
걔는 베를린에서 왔어. **Elle est de Berlin.**

010
인맥이 궁금하다!
내 남친이야.
C'est mon copain.

❶
누구니? **Qui est-ce?**
내 남친이야. **C'est mon ami.**
누구니? **Qui est-ce?**
내 친구야. **C'est mon copain.**
나의 사랑하는 아저씨 **mon cher tonton**

❷
걔 누구니? **Qui est-ce?**
걔 내 여자친구야. **C'est ma copine.**
걔는 화가야. **Elle est peintre.**

❸
걔 니 남친이니?
C'est ton copain?

응, 걔가 내 남자친구야. 걔 학생이야.
Oui, c'est mon copain.
Il est étudiant.

이분이 네 아빠시니?
C'est ton père?

응, 이분이 내 아빠야. 선생님이셔.
Oui, c'est mon père.
Il est professeur.

이분이 네 엄마시니?
C'est ta mère?

응, 이분이 내 엄마야. 약사이셔.
Oui, c'est ma mère.
Elle est pharmacienne.

그 사람이 걔네 부장이니?
C'est son directeur?

응, 그 사람이 걔네 부장이래.
그 사람 성질 더럽데.
Oui, c'est son directeur.
Il est méchant.

❹
쟤가 걔 여친이니?
C'est sa copine?

응, 쟤가 걔 여친이야. 쟤는 가수야.
Oui, c'est sa copine.
Elle est chanteuse.

011
형용사로 사람의 감정과
특징을 표현합니다.
갠 날씬해.
Elle est mince.

❶
너 예쁘다. (잘생겼다.)	T'es beau.
너 얼짱이야.	T'es belle.
그는 잘생겼어.	Il est beau.
그녀는 얼짱이야.	Elle est belle.
나는 만족해.	Je suis content(e).
나 화났어.	Je suis fâché.
갠 아주 상냥해.	Il est très gentil.
갠 못됐어.	Il est méchant.
갠 참 날씬해.	Elle est mince.

❷
걔 어떠니?	Il est comment?
걔 키도 크고 잘생겼어.	Il est grand et beau.

게다가 그 아인 호감이 가.
Il est sympa aussi.

걘 어떠니?	Elle est comment?

걘 얼짱인데다 날씬해.
Elle est belle et mince.

걘 게다가 상냥해.	Elle est gentille aussi.
걔 어떠니?	Comment est-elle?
네 남친 어때?	Comment est ton copain?

❸
너희 부장 어떠니?
Comment est ton directeur?

그 사람 친절하지 않아.
Il n'est pas gentil.

그 사람 성질 더러워.
Il est méchant.

크리스틴 걘 어떠니?
Comment est Christine?

걘 예쁘지 않아.	Elle n'est pas belle.
걘 못생겼어.	Elle est moche.

❹
너 중국인 아니니?
Tu n'es pas chinoise?

아니, 나는 한국 사람이야.
Non, je suis coréenne.

너 기자니?
Tu es journaliste?

아니, 나는 기자가 아니야.
Non, je ne suis pas journaliste.

나는 여행사 직원이야.
Je suis agent de voyage.

너는 한 떨기 꽃이야.
Tu es une fleur.

012
사물에 대해 묻고 대답합니다.
뭐니?
Qu'est-ce que c'est?

❶
이게 뭐야?	Qu'est-ce que c'est?
이거 선물이야.	C'est un cadeau.
이거 시계야.	C'est une montre.
이게 뭐야?	Qu'est-ce que c'est?
이거 차야.	C'est une voiture.
이거 꽃이야.	C'est une fleur.
이거 어깨에 메는 가방이야.	C'est un sac.
이거 바지야.	C'est un pantalon.

❷
이거 뭐니?	C'est quoi?
이거 디스켓이야.	Ce sont des disquettes.
이거 책이야.	Ce sont des livres.
이게 뭐야?	Qu'est-ce que c'est?
이거 치마야.	C'est une jupe.
이거 예쁘지?	Elle est belle?

❸
이거 뭐니?	Qu'est-ce que c'est?
이거 책이야.	C'est un livre.
이거 아주 재밌네.	Il est très intéressant.
그거 재미있네.	C'est intéressant.
물 좀 줄래.	De l'eau, s'il te plaît.

난, 나는 자유로워. Moi, je suis libre.

❸
이거 뭐니?
Qu'est-ce que c'est?

이건 만년필이야.	C'est un stylo.
이건 내 만년필이야.	C'est mon stylo.

소피의 만년필이야.
C'est le stylo de Sophie.

이거 뭐야? C'est quoi, ça?

장의 사진이야.
C'est la photo de Jean.

뽈의 사진이야.
Ce sont les photos de Paul.

013
소유는 세탁기로 표현합니다!
누구 것이니?
C'est à qui?

❶
이거 누구 거니?	C'est à qui?
이거 아리 거야.	C'est à Arie.
내 거야.	C'est à moi.
네 거야.	C'est à toi.
그 애 거야.	C'est à lui.
우리 거야.	C'est à nous.
나야.	C'est moi.

❷
이거 네 거니?	C'est à toi?

아니, 그거 내 거 아니야.
Non, ce n'est pas à moi.

그녀의 것이야.	C'est à elle.
그는 그의 집에 있다.	Il est chez lui.
나는 집에 간다.	Je rentre chez moi.

014
가볍게 지시할 때는요?
이 책은 내 거야.
Ce livre est à moi.

❶
이 가방 누구 거니?	Ce sac est à qui?
그거 아리 거야.	Il est à Arie.

이 차 누구 것이니?
Cette voiture est à qui?

그거 보아 거야. Elle est à Boa.

이 사진들 누구 것이니?
Ces photos sont à qui?

그건 폴 거야. Elles sont à Paul.

❷

이거 뭐니? **C'est quoi?**
이거 수첩이야. **C'est un agenda.**

이거 소피의 수첩이야.
C'est l'agenda de Sophie.

이거 걔 수첩이야. **C'est son agenda.**

이 수첩 누구 것이니?
Cet agenda est à qui?

그거 쏘피 거야. **Il est à Sophie.**
그거 그녀의 거야. **Il est à elle.**

❸

이거 그녀의 차니?
Cette voiture est à elle?

아니, 이거 내 거야.
Non, elle est à moi.

저 안경 누구 거니?
Ces lunettes-là sont à qui?

그거 아리 거야.
Elles sont à Aric.

015
어디를 가는지 묻고 싶으신가요?
어디 가십니까?
Vous allez où?

❶

어디 가십니까?
Vous allez où, Monsieur?

미안하지만, 나 삐또에 가는데요.
Je vais à Puteaux, s'il vous plaît.

미안하지만, 삐또요.
À Puteaux, s'il vous plaît.

❷

너 어디 가니? **Tu vas où?**
도서관에. **(Je vais) à la bibliothèque.**
걔 어디 가니? **Il va où?**
극장에. **Au cinéma.**
그녀는 어디 가니? **Elle va où?**
산에. **À la montagne.**
메리디앙 호텔 갑시다. **À l'hôtel Meridien.**
리옹 역 갑시다. **À la gare de Lyon.**

샤를르 드골 공항 갑시다.
À l'aéroport Charles De Gaulle.

루브르 박물관 갑시다.
Au musée du Louvre.

❸

갈까? **On y va?**
너 역에 가니? **Tu vas à la gare?**
예, 거기 가요. **Oui, j'y vais.**
너희들 극장에 가니?
Vous allez au théâtre?

예, 거기 가요. **Oui, nous y allons.**
걔 수영장 가니? **Il va à la piscine?**
아니, 걔 거기 안 가요. **Non, il n'y va pas.**
걔 학교 가요. **Il va à l'école.**

❹

너 어디서 오니?
Tu viens d'où?

나 시청에서 와.
Je viens de la mairie.

너 경찰서에서 오니?
Tu viens du commissariat?

응, 나 거기서 와. **Oui, j'en viens.**

 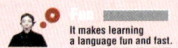  

그녀도 거기서 오니? **Elle en vient aussi?**

응, 그녀도 거기서 와.
Oui, elle en vient aussi.

016
건물의 위치를 물을 때 쓰는 표현입니다.
지하철역은 어디에?
Où est la station de métro?

❶

담뱃가게가 어디에 있죠?
Où est le tabac?

그거, 저기요.
Il est là-bas.

말보로 한 곽 주세요.
Un Malboro, s'il vous plaît.

약한 말보로 주실래요.
Un Malboro light, s'il vous plaît.

골루와즈 약한 것 한 곽 주세요.
Un packet de gauloise légère, s'il vous plaît.

방꼬 한 장 주세요.
Un Banco, s'il vous plaît.

화장실 어디 있죠?
Où sont les toilettes?

저기요. **Là-bas.**

❷
카페가 어디에 있습니까? **Où est le café?**

그거 교회 뒤편에 있습니다.

Il est derrière l'église.

약국이 어디 있죠?
Où est la pharmacie?

그거 우체국 맞은편에 있어요.
Elle est en face de la poste.

지하철역이 어디 있죠?
Où est la station de métro?

시청 앞에 있어요.
Elle est devant la mairie.

❸
전화기 어디 있습니까?
Où est le téléphone?

그거 저기, 탁자 위에 있습니다.
Il est sur la table, là-bas.

TV 어디 있죠?
Où est la télévision?

그거 문 옆에 있어요.
Elle est à côté de la porte.

디스켓 어디 있니?
Où sont les disquettes?

그거 니 가방 안에 있어.
Elles sont dans ton sac.

❹
잔, 너 어디 있니?
Où es-tu, Jeanne?

저 방에 있어요.
Je suis dams ma chambre.

그녀는 어디 있지?
Elle est où?

  # French

정원에 있어요.
Elle est dans le jardin.

아빠 지하창고에 계시니?
Ton père est dans la cave?

네, 거기 계세요.
Oui, il est là.

017
교통수단이 궁금하신가요?
루브르를 가고 싶은데요?
Pour aller au Louvre?

❶

퐁피두센터 어디에 있습니까?
Où est le Centre Georges Pompidou?

파리 중심에 있습니다.
Il est au centre de Paris.

성심 성당이 어디 있죠?
Où est le Sacré-Coeur?

그거 몽마르트르에 있습니다.
Il est à Montmartre.

지하철을 탑니까?
Je prends le métro?

물론이죠.   Bien sûr.

❷

기차를 타니?   Tu prends le train?

아니, 버스 타.   Non, je prends le bus.

걔 비행기 타니?   Il prend l'avion?

아니, 배를 타.   Non, il prend le bateau.

❸

퐁피두센터에 가고 싶은데요.
Je voudrais aller au Centre Georges Pompidou.

멀지 않아요. 버스를 타세요.
Ce n'est pas loin. Vous prenez le bus.

미안하지만, 루브르박물관에 가려는데요?
Pour aller au Louvre, s'il vous plaît?

똑바로 가서 왼쪽으로 가면 됩니다.
Vous allez tout droit et tournez à gauche.

❹

저 에펠탑에 가려고 하는데요.
Je voudrais aller à la Tour Eiffel.

그거 멀 텐데, 걸어가십니까?
C'est loin. Vous y allez à pied?

아니요, 차로 가는데요.
Non, en voiture.

런던에 기차로 가십니까?
Vous allez à Londres en train?

아니요, 비행기로요.   Non, en avion.

제주도에 가기 위해 무엇을?
Pour aller à Jéjou?

배로 가요.   En bateau.
비행기를 타.   Je prends l'avion.
비행기로 가.   J'y vais en avion.

❺

너 소르본느 대학에 가니?
Tu vas à la Sorbonne?

네, 거기 가요.   Oui, j'y vais.
너 거기 어떻게 가니?   Tu y vas comment?
난 지하철로 가요.   J'y vais en métro.

018

음료수를 주문하고 싶으신가요?
커피 마실래요.
Je prends un café.

❶
안녕하세요. 뭘 드시겠습니까?
Bonjour! Vous désirez?

안녕하세요. 미안하지만, 커피요.
Bonjour! Un café, s'il vous plaît.

커피 주세요.
Je voudrais un café.

무엇을 드시겠습니까?
Qu'est-ce que vous prenez?

차 마시겠습니다.
Je prends un thé.

❷
무엇을 드시겠습니까?
Qu'est-ce que vous voulez?

나는 오렌지 주스.
Un jus d'orange pour moi.

아리, 넌?
Et toi, Arie?

나도, 오렌지 주스.
Moi aussi, un jus d'orange.

연아, 너 뭐 마실래?
Yuna, tu prends quoi?

난, 콜라. **Pour moi, un coca.**

❸
고맙습니다. 여기 얼마죠?
Merci, c'est combien?

오렌지 주스 2잔, 4유로, 더하기 콜라 1잔, 2유로, 도합 6유로입니다.
Deux jus d'oranges, 4 euros, plus un coca, 2 euros. Ça fait 6 euros.

여기 6유로요. 고맙습니다!
Voilà 6 euros, merci.

여기 얼마죠?   **C'est combien?**
2유로입니다.   **C'est deux euros.**

❹
너 커피 마실래?   **Tu bois du café?**

아니, 나 커피 안 마셔. 맥주 마실래.
**Non, je ne bois pas de café.
Je bois de la bière.**

초콜릿 마실래?
Tu bois un chocolat?

맥주 마실래.
Non, je bois une bière.

너 우유 마실래?
Tu prends du lait?

아니, 나 우유 안 마셔. 나 물 마실래.
**Non, je ne prends pas de lait.
Je prends de l'eau.**

우유 마실래?   **Tu prends du lait?**
아니, 물.   **Non, de l'eau.**

019

목적어를 간단히 대명사로!
프랑스를 사랑해요!
J'aime la France!

❶
프랑스를 사랑해요! J'aime la France!
프랑스 만세! Vive la France!

뚜르 방향!
À destination de Tour!

트럭 운전사는 착하다!
Les routiers sont sympas!

❷
고맙다. 너 아주 마음에 든다.
Merci, tu es très sympa.

고맙다. 너 멋지다. Merci, tu es super.
너 포도주 좋아하니? Tu aimes le vin?

물론이지, 나 프랑스 포도주를 아주 좋아해.
Mais oui, j'adore le vin français.

너 치즈도 좋아하니?
Tu aimes le fromage aussi?

당근이지, 나 그거 되게 좋아해.
Bien sûr, je l'aime beaucoup.

❸
나 사랑해? Tu m'aimes?

당근이지, 나 너 되게 사랑해.
Bien sûr, je t'aime fort.

너 구릉이 보이지? Tu vois la colline?
응, 그거 보여. Oui, je la vois.

너 젖소도 보이지?
Tu vois aussi les vaches?

그래, 그것들이 보여.
Oui, je les vois aussi.

❹
너 크레쁘 좋아하지 않니?
Tu n'aimes pas la crêpe?

응, 나 그거 안 좋아해.
Non, je ne l'aime pas.

사과주스는? Et le cidre?

역시 안 좋아해. 난 오렌지 주스가 좋아.
Non plus, je préfère le jus d'orange.

아니, 널 사랑하지 않아.
Non, je ne t'aime pas.

❺
너 맥주 마실래? Tu bois de la bière?

아니, 포도주가 낫겠는데.
Non, je préfère le vin.

네 부인도 거위 간 좋아하니?
Ta femme aussi aime le foie gras?

그럼, 그녀는 그것을 되게 좋아해.
근데 그거 너무 비싸!
Oui, elle l'adore, mais c'est trop cher!

020

시간 약속을 하고 싶으신가요?
시간 있니?
Tu es libre?

❶
몇 시니? Quelle heure est-il?
다섯 시야. Il est cinq heures.
몇 시니? Il est quelle heure?
저녁 여덟 시야. Il est vingt heures.
몇 시니? Tu as l'heure?
정오야. Il est midi.
몇 시죠? Vous avez l'heure?

 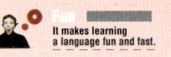 

8시 30분이요.
Il est huit heures et demie.

❷
너 차 있니?　　　　Tu as une voiture?

물론이지. 멋진 차가 있지.
Bien sûr. J'ai une belle voiture.

너 오늘 저녁 시간 있니?
Tu es libre ce soir?

응, 나 시간 있어.　　Oui, je suis libre.
우리 영화 보러 갈래?　On va au cinéma?
좋지.　　　　　　　　D'accord.

❸
영화 몇 시에 시작하는데?
Le film commence à quelle heure?

일곱 시에 시작해.
Il commence à sept heures.

비행기 몇 시에 도착하죠?
L'avion arrive à quelle heure?

열 시입니다.　　　À dix heures.

열차가 몇 시에 출발하죠?
Le train part à quelle heure?

아홉 시요.　　　　À neuf heures.

❹
우리 약속을 할까?
On prend rendez-vous?

좋아. 그런데 몇 시에?
D'accord! Mais, à quelle heure?

여섯 시. 너 괜찮겠어?
À six heures. Ça te va?

좋아. 여섯 시에 만나자.
Bon, d'accord. À six heures.

어디서 보지?　　Où ça?
영화관 앞에서.　Devant le cinéma.

❺
1 un　　　　2 deux
3 trois　　　4 quatre
5 cinq　　　 6 six
7 sept　　　 8 huit
9 neuf　　　10 dix
11 onze　　 12 douze
13 treize　　14 quatorze
15 quinze　 16 seize
17 dix-sept　18 dix-huit
19 dix-neuf　20 vingt
자! 일합시다!　Allez! Au boulot!

021

날짜와 요일을 알고 싶으세요?
언제?
Quand?

❶
누구?　　　　Qui?
뭐라고?　　　Quoi?
어디라고?　　Où?
얼마라고?　　Combien?

❷
너 오늘 저녁에 어디 가니?
Tu vas où, ce soir?

오늘 저녁에 나 극장에 가.
Ce soir, je vais au cinéma.

너 극장에 언제 가니?
Tu vas au cinéma, quand?

오늘 저녁에.　　Ce soir.

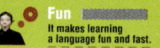  

너희들 올 여름에 어디 가니?
Vous allez où, cet été ?

올 여름에 우리 프랑스에 가.
Cet été, nous allons en France.

너희들 언제 프랑스에 가니?
Vous allez en France, quand ?

올 여름에. **Cet été.**

❸
너 언제 떠나니? **Tu pars quand ?**
내일. **Demain.**
걔들 언제 도착하니? **Ils arrivent quand ?**

걔들 이번 주 주말에 도착해.
Ils arrivent ce week-end.

❹
며칠이죠? **On est le combien ?**
3월 2일이야. **On est le 2 mars.**

오늘 며칠이죠?
Quel jour est-ce aujourd'hui ?

오늘, 12월 3일이야.
Aujourd'hui, c'est le 3 décembre.

❺
몇 월이지?
En quel mois nous sommes ?

1월이야.
Nous sommes en janvier.

오늘 무슨 요일이죠?
Quel jour (de la semaine) est-ce aujourd'hui ?

오늘은 토요일이야.
Aujourd'hui, c'est samedi.

022

전화를 걸어볼까요?
여보세요?
Allô ?

❶
여보세요? 안녕하세요. 실비?
Allô ? Bonjour ! Sylvie ?

예, 저예요. 누구세요?
Oui, c'est moi. C'est qui ?

아리야. **C'est Arie.**
안녕, 아리. **Bonjour Arie !**

여보세요? 안녕하세요! 실비하고 통화하고 싶은데요.
**Allô ? Bonjour !
Je voudrais parler à Sylvie.**

누구니? **De la part de qui ?**
아리입니다. **C'est Arie.**

기다리렴. 내가 실비 바꿔줄 테니.
Ne quitte pas. Je te passe Sylvie.

❷
여보세요? 안녕하세요! 실비 있어요?
Allô ? Bonjour ! Sylvie est là ?

아니, 없는데. 누구지?
**Non, elle n'est pas là.
De la part de qui ?**

아리입니다. **C'est Arie.**

너 메시지를 남길래?
Tu veux laisser un message ?

아니요, 제가 조금 있다 다시 전화할게요.
Non, je la rappelle tout à l'heure.

❸
여보세요? 안녕하세요. 실비?
Allô? Bonjour! Sylvie?

예, 전데요. 누구세요?
Oui, c'est moi. C'est qui?

아리입니다. **C'est Arie.**
안녕, 아리. **Bonjour Arie!**

내가 오늘 저녁 너를 푸케에 초대하려고.
Je t'invite au Fouquet's ce soir.

근사한데! 그런데, 왜?
C'est chouette! Mais pourquoi?

오늘 내 생일이야.
Aujourd'hui, c'est mon anniversaire.
기꺼이 가지. **Avec plaisir!**

❹
너 저녁식사에 나 초대할거지?
Tu m'invites au dîner?

당근이지, 내가 너 초대할게.
Bien sûr, je t'invite.

내가 당신들을 푸케에 초대합니다!
Je vous invite au Fouquet's!

023
레스토랑에서 음식을 주문합니다.
레스토랑 푸케에서
Au Fouquet's

❶
여보세요? 안녕하세요! 제가 오늘 저녁 일곱 시에 두 사람 자리를 예약하고 싶습니다.
Allô? Bonjour! Je voudrais réserver une table à 19 heures ce soir pour deux personnes.

가능합니다. 누구 이름으로 예약할까요?
C'est possible. C'est à quel nom?

아리요. **Mademoiselle Arie.**

고맙습니다. 이따 뵙겠습니다.
Merci. A tout à l'heure.
이따 뵙겠습니다. **À tout à l'heure.**

제가 내일 저녁 8시에 다섯 명 자리를 예약하고 싶은데요.
Je voudrais réserver une table à vingt heures demain pour cinq personnes.

이따 보자! **À tout à l'heure!**

❷
당신은 아페리티프로 무엇을 드시겠습니까?
Vous prenez un apéritif?

난 됐어요. 고맙습니다. 실비, 넌?
Pour moi, non, merci. Et toi, Sylvie?

난 끼르 마실래.
Moi, je prends un kir.

앙트레로 당신은 무엇을 드시겠습니까?
Pour commencer, que désirez-vous?

앙트레로 난 거위 간 먹을래요.
Je prends du foie gras pour commencer.

그 다음은 무엇을 드시겠습니까? **Et ensuite?**
난 바다가재 먹을래요.
Je prends un homard.

그리고 아가씨는요?
Et pour Mademoiselle?

난 배가 많이 고프지 않네. 난 야채 수프 먹을래요.
Je n'ai pas très faim.
Je prends un potage de légumes.

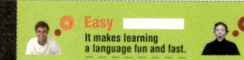 

French

❸
배고픈데, 우리 샌드위치 먹을까?
J'ai faim. On prend un sandwich?

아니, 난 목말라. 오렌지 주스 마실래.
Non, moi, j'ai soif.
Je prends un jus d'orange.

음료수는 무엇을?　　Et comme boisson?
난 포도주.　　　　　 Je prends du vin.

미안하지만, 난 물 주세요.
Moi, de l'eau, s'il vous plaît.

미안하지만, 물 한 병 주세요.
Une carafe d'eau, s'il vous plaît.

❹
후식으로 무엇을 하시겠습니까?
Et comme dessert?

난 초콜릿 케이크 먹을래. 아리 넌?
Je prends du gâteau au chocolat.
Et toi, Arie?

아니, 난 물 마실래.
Non, je prends de l'eau.

024
명령, 간청을 표현하고 싶으신가요?
날 떠나지 마!
Ne me quitte pas!

❶
잘 들어봐!　　　Écoute bien!
봐!　　　　　　 Regarde!
조심해!　　　　 Fais attention!
자, 힘내!　　　 Allez!
자, 나가자 조국의 아들들아!
Allons enfants de la patrie!

영광의 날이 왔다.
Le jour de gloire est arrivé.

❷
내 친구 건들지 마!
Ne touche pas à mon copain!

날 버리지 말아줘!
Ne me quitte pas!

아저씨, 날 버리지 마세요.
Tonton, ne me quitte pas!

❸
얘들아, 착하지!
Les enfants, soyez sages!

얘야, 착하지!
Sois sage!

날 조용히 있게 해줘!
Laisse-moi tranquille!

날 내버려두란 말이야!
Fous-moi la paix!

❶
맛있게 드세요!　　　Bon appétit!
건배!　　　　　　　A votre santé!
새해 복 많이 받으세요! Bonne année!
즐거운 여행되시길!　 Bon voyage!
생일 축하합니다!　　Joyeux anniversaire!
주둥이 닥쳐!　　　　Ta gueule!
조용히 하세요!　　　Silence!
과감하게! 더 과감하게! 항상 과감하게!
De l'audace! Encore de l'audace!
Toujours de l'audace!

025
호텔의 방을 구하려는데...
만원입니다!
Complet!

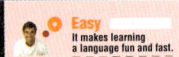 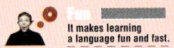  

❶

안녕하세요! 미안하지만, 제가 방이 필요한데요.
Bonjour! Je voudrais une chambre, s'il vous plaît.

안녕하세요! 방이 있습니까?
Bonjour! Vous avez une chambre?

안녕하세요! 미안하지만, 제가 방이 필요한데요.
Bonjour! Je voudrais une chambre, s'il vous plaît.

미안하지만, 호텔이 만원입니다.
Je suis désolé. L'hôtel est complet.

❷

몇 분인데요?
Pour combien de personnes?

두 사람인데요.
Pour deux personnes.

며칠이나 묵으십니까?
Pour combien de nuits?

나흘이요. **Pour quatre nuits.**

❸

샤워기가 있는 방을 원하세요, 아니면 욕실이 있는 방을 원하세요?
Avec douche ou avec bains?

샤워기가 있는 방으로 하죠. **Avec douche.**

방 값이 얼마죠?
Quel est le prix de la chambre?

하룻밤에 50유로입니다.
50 euros par nuit.

방이 준비되었습니까?
La chambre est prête?

예, 방이 준비됐습니다. 열쇠 여기 있습니다.
Oui monsieur, elle est prête. Voilà la clé.

❹

준비 됐니? **Tu es prêt?**

아니. 준비 안 됐어.
Non, je ne suis pas prêt.

아리야. **Voilà Arie.**
아리야. **C'est Arie.**

❺

식당 몇 시에 열죠?
Le restaurant ouvre à quelle heure?

아침 6시 30분요.
À 6 heures 30 du matin.

저녁은? **Et le soir?**
저녁 7시요. **À 7 heures du soir.**

026

상대를 높이고 싶을 때!
당신이 최고야!
Vous êtes le meilleur!

❶

너 오늘 근사하다.
T'es beau aujourd'hui.

너 오늘 예쁘다.
T'es belle aujourd'hui.

당신 오늘 더 멋있어요.
T'es plus beau aujourd'hui.

당신 오늘 더 예쁜데.
T'es plus belle aujourd'hui.

❷
네가 나보다 예뻐.
Tu es plus belle que moi.

당근이지. 내가 너보다야 예쁘지.
Bien sûr! Je suis plus belle que toi.

내 남친이 우리 아빠보다 더 커요.
Mon copain est plus grand que mon papa.

내 딸아이는 제 엄마보다 더 커.
Ma fille est plus grande que sa mère.

여기 과일이 덜 비싸네.
Les fruits sont moins chers ici.

걔는 지 언니만큼이나 똑똑해.
Elle est aussi intelligente que sa soeur.

❸
용기가 필요합니다.   Il faut du courage.

많은 돈이 필요해.
Il faut beaucoup d'argent.

즉시 떠나야 해.
Il faut partir tout de suite.

더 많은 용기가 필요해.
Il faut plus de courage.

소금을 더 넣어야 해.
Il faut mettre plus de sel.

설탕을 덜 넣어야 해.
Il faut mettre moins de sucre.

❹
미안하지만, 가장 비싼 것 주시겠어요.
Le plus cher, s'il vous plaît.

이 바이올린이 가장 비쌉니다.
Ce violon est le plus cher.

걔는 반에서 제일 착해.
Elle est la plus gentille de la classe.

이게 최고야.   C'est le meilleur.
걔가 최고야.   Il est le meilleur.
당신이 최고야.
Vous êtes le meilleur!

027

미래를 표현하는 방법을 만나 볼까요?
큰 파티가 있을 거야.
Il va y avoir une grande fête.

❶
오늘 저녁 뭐 할 거니?
Qu'est-ce que tu vas faire ce soir?

외출할 거야.   Je vais sortir.
그가 언제 떠나니?   Il part quand?
그는 주말에 떠날 거야.
Il va partir ce week-end.

실비와 폴, 너희들 일요일에 뭐 할 거니?
Sylvie et Paul, qu'est-ce que vous allez faire dimanche?

우리 일요일에 테니스 칠 거야.
Dimanche, nous allons jouer au tennis.

❷
오늘 무슨 요일이니?
On est quel jour aujourd'hui?

화요일.   On est mardi.
오늘 무슨 요일이니?
Quel jour est-ce aujourd'hui?

오늘, 월요일이야.
Aujourd'hui, c'est lundi.

토요일 저녁, 너희들 아리 생일 축하 파티를 할 거니?
Samedi soir, vous allez fêter l'anniversaire d'Arie?

물론이지. 큰 파티가 있을 거야.
Mais oui, il va y avoir une grande fête.

춤도 추니?
On va danser aussi?

당근이지. 자정까지 출 거야.
Bien sûr, on va danser jusqu'à minuit.

❸
가방에 뭐 있니?
Qu'est-ce qu'il y a dans ton sac?

아무 것도 없어.
Il n'y a rien.

마당에 차가 한 대 있다.
Il y a une voiture dans la cour.

거리에 차가 많다.
Il y a beaucoup de voitures dans la rue.

민중을 사랑해야 한다.
Il faut aimer le peuple.

시간을 시간에 맡긴다.
Donner du temps au temps.

028
쇼핑을 나가셨나요?
너무 비싸다.
C'est trop cher.

❶
안녕하세요.   Bonjour Madame.

안녕하세요. 날씨 좋죠. 뭘 찾으세요?
Bonjour madame, il fait beau aujourd'hui, vous désirez?

❷
오늘 날씨가 어때요?
Quel temps fait-il aujourd'hui?

오늘 날씨가 안 좋은데요.
Il fait mauvais aujourd'hui.

아리야, 한국 겨울 날씨는 어때?
Arie, quel temps fail-il en hiver en Corée?

춥고 눈이 많이 내려.
Il fait froid et il neige beaucoup.

그러면 봄은?   Et au printemps?

온화해.   Il fait doux.

여름에는 덥고, 가을에는 서늘해.
En été il fait chaud,
en automne il fait frais.

❸
빨간색 블라우스를 찾는데요.
Je voudrais un chemisier rouge.

파리 사람들은 구경거리를 좋아한다.
Le Parisien est badaud.

면으로 된 빨간색 블라우스 있어요.
J'ai un chemisier rouge en coton.

입어 봐도 될까요?   Je peux l'essayer?

물론이죠. 탈의실이 저기 있습니다.
Je vous en prie. La cabine est là-bas.